100均グッズからICTまで

中学校理科アイテム&アイデア100

窪田一志《著》

明治図書

JN043588

は じ め に

　「理科離れ」という言葉を聞くたびに私の頭には「？」が浮かびます。不思議ですよね。だって，**理科はこんなに楽しいはずなのに…**。私は，理科離れが叫ばれ続ける原因は**「子どもたちに理科の楽しさを十分に伝えられていないから」**だと考えるようになりました。もしそうなら，子どもたちに理科の楽しさを伝えられる**「楽しく学びのある授業」**を行うことができれば，「理科離れ」を止めることができるはずです。

　理想の授業は子どもたちが自ら理科の授業内容に興味をもち，教師とともに疑問を解き明かしていく形だと思います。しかし，すでに理科嫌いになっている子どもたちもいます。だからこそ「興味深い」より前に「楽しさ」が必要なのです。子どもは自分に正直です。楽しいこと，興味のあることに対しては目が輝きます。嫌々やらされているときの目は澱みます。まずは，子どもたちの目が輝く，楽しさを前面に押し出した授業から始めるのはどうでしょうか？「理科は楽しい」がある日，「理科は興味深い」に変わる日がきます。では，子どもに理科を楽しいと思わせるためにはどのような授業を行えばいいのでしょうか。私は，**教師自身が授業を楽しむこと**が一番大切だと思います。子どもが楽しい授業は，例外なく教師も楽しい授業です。そして，そんな授業を行うために必要なのが教材や教具なのです。

　この本では，100均グッズからＩＣＴまで様々な教材や教具を紹介しています。第１章では，この本で紹介している教材や教具を活用する上でのポイントを書きました。第２章では，数ある教材・教具，ＩＣＴを活用したデジタル教材の中から特に，授業ですぐに使える選りすぐりの教材や教具を100挙げさせていただきました。物理，化学，生物，地学，学習環境の５つの分野ごとに，学年や難易度も併記しているので，「授業をもう一ひねりしたい」というときに活用していただけると思います。

　私は授業直前に思いついたことを，そのまま授業に取り入れることがあり

ます。もちろん失敗することもありますが，成功することの方が多いです。この「思いつき」を実行に移せるかどうかが授業力の向上に繋がると感じます。教師はまじめな人が多いです。そして失敗が嫌いです。１〜３年生まで一通り経験すると，どうしても以前の授業スタイルに固執しがちです。しかし，以前と同じ授業スタイルを継続していては，授業力は上がりません。授業力を上げるために必要なこと，それは今まで使ったことがない教材や教具を取り入れるなど，新たな授業スタイルにチャレンジすることです。

　「NASAよりも宇宙に近い町工場」と呼ばれる植松電機の社長である植松努さんは，人間の自信と可能性を奪う言葉「どーせむり」をなくすために宇宙開発を始めました。彼は教育についてこう述べています。

　「教育は，死に至らない失敗を安全に経験させるためのものだったはず。しかし，失敗をマイナスだと思っている大人によって子どもたちの可能性と自信が奪われている」（※参考：2014年7月13日「ＴＥＤ xSapporo」スピーチ「思うは招く」）

　やったことのないことにチャレンジすればもちろん失敗します。しかし，私たち教師が失敗も含めてチャレンジする姿勢を見せることが子どもたちの「チャレンジ（成長）」に繋がります。この本の中にはあなたの知らない教材や教具が必ずあるはず。**「やったことがないことをやってみよう！」**の精神で授業に取り入れていただけると嬉しいです。

2020年7月

窪田　一志

Contents

はじめに

本書を使用するうえでのご注意（※必ずお読みください）

第1章 アイテム＆アイデア 活用のポイント

第2章 分野別 授業で使える アイテム＆アイデア 100

物理分野

ICT このマークのある項目は ICT を活用しています

生物分野

本書を使用するうえでのご注意
（※必ずお読みください）

　本書に掲載している内容は，中学生以上を対象に，中学校理科の先生の監督のもと，学校内で行うことを想定しております。

　観察・実験については，必ず事前に予備実験を行い，安全を確保できる条件を整えたうえで行うようにしてください。

　火気・薬品・刃物等を用いる内容も掲載しています。それらは特に安全に十分配慮のうえ行ってください。

　本書に掲載している内容を追試したことで生じた不利益について，筆者，出版社及びその関係者は一切の責任を負いかねます。

第1章

アイテム&アイデア活用のポイント

1 ねらいを明確にする

教材を効果的に活用するために

　この本では，授業で使える教具やデジタル教材などをたくさん紹介しています。教具については，数ある中からできるだけ簡単に授業に取り入れられるものを選びました。デジタル教材にいたっては，ダウンロードするだけで使うことができます。新しい教材や教具を知ると，すぐに使いたくなってしまいませんか。しかし，用意するのが簡単だからといって，すぐに授業で使うのはとてももったいないです。教材を効果的に使う方法を考える必要があります。生徒に同じ教材を2回使うことはできません（できても1度目の効果は発揮できません）。まずは，**教材を使うねらいを明確にする**ことです。そして，そのねらいを達成するためには教材をどのように使用するのが効果的なのかを考えることがよりよい授業に繋がります。

手段と目的を混同しない

　たまに，教材を使うこと自体が目的となってしまっている授業を見ることがあります。特にＩＣＴ機器の活用などをうたう研究授業にその場面は多いです。ＩＣＴ機器や教材の使用は授業の手段であって目的ではありません。ねらいはあくまでも生徒の成長。教材を使うことが目的にならないように気をつけてください。そのためにも大切なのが，**授業のねらいを明確にすること**です。生徒にどんなねらいをもって授業を行うのか。ねらいを達成するための手段としてどのような教材を扱うのか。この2つを意識して授業づくりを行いましょう。

2 準備・予備実験を徹底する

準備・予備実験の重要性

　準備・予備実験は，何のために行うのでしょうか。「授業や実験を滞りなく進めるため」という理由はもちろんですが，私はこれに加えて「授業者が生徒の目線に立つため」だと考えています。この実験道具を見て生徒は何を考え，どう行動するだろうか。危険性はないだろうか。実験結果から何を思うだろうか。生徒の立場になって予備実験を行うことで，様々な予想を立てることができます。予備実験を行う際は，実験結果が正確に出るかということだけでなく，**生徒の目線に立つ**ということを忘れないでください。もちろん，生徒は毎年異なるため，「去年も同じ実験を行ったから予備実験はいらない」なんてことはありえません。常に緊張感やワクワク感をもって予備実験に臨みましょう。

当日と同じ道具，同じ機器を使用する

　これは特にＩＣＴ教材を使う授業に言えることですが，必ず**事前に当日と同じ機器で動作するかを確認する**ようにしてください。授業当日，パソコンの画面がプロジェクターに映らない。昨日，大型テレビに映したときは問題なかったのに…なんてことはよくあることです。ＩＣＴ教材は何を見せるかと同じくらいに**タイミング**が大切です。ＩＣＴ機器を使用したとある研究授業で，ＩＣＴ機器がうまく作動せず，ただ時間が流れていくという場面を見たことがあります。生徒も周りの先生もどうしていいかわからず当の先生はパニック状態。しかし，こういう場面は少なくありません。このような状況にならないためにも当日と同じ状況で授業準備を行うことを心がけましょう。

準備・予備実験は２日前までに行う

　準備・予備実験は余裕をもって行う。当たり前のことですが，これが中々難しいです。行事や生徒指導などの校務に追われると，ついつい「明日の準備ができていない！」という状況になりがちです。恥ずかしながら私もよくこの状況に陥っていました。実験前日，暗くなった理科室でガサゴソと実験準備。実験道具が足りていないことがわかり，途方にくれたこともあります。このような状況にならないように，準備・予備実験は最低でも２日前までに行うようにしましょう。しかし，わかっていても中々できないのが人間の常。急な生徒指導などもあるので，予定通りには進みません。そんな先生に実践していただきたいのが，**週末までに「来週＋再来週の月曜日の授業準備を終わらせておく」**という方法です。「＋再来週の月曜日」という部分がポイントです。こうすることで，常に授業の２日前までには準備・予備実験を行うことができます。

教師に最も大切なのは心の余裕

　授業を前もってつくることの一番のメリットは，心に余裕をもてることです。私は教師に一番大切なのはこの**「心の余裕」**だと思っています。授業にしても生徒指導にしても，心に余裕のない教師は対応を間違えがちです。ストレスを感じやすい仕事だからこそ，いつも心に余裕をもちたいものです。心穏やかに仕事をするためにも，うまく時間を見つけて授業準備に取り組んでください。

3 生徒の実態に合わせる

より深い学びのために

　生徒の状況を見極めることは授業を行う上で非常に大切です。特に実験では，この見極めができていないと時間内に実験内容が終わらなかったり，十分な学びに繋がらなかったりします。

　実験道具の準備ひとつにしても，どこまで教師が済ませておくべきなのかは，生徒の状況を見て考えるべきです。できることは生徒にやらせるべきですが，授業時間は多くありません。どこに時間を費やすのが深い学びに繋がるのかを考えて授業を行ってください。

事故防止

　また，生徒の状況を適切に把握することは事故防止にもつながります。柄つき針などの危険な器具は状況に応じて，つまようじなど別の器具に変えることもできます。ビーカーなどのガラス器具も場合によってはプラスチック製のコップなどで代用できます。

　何でもかんでも危険性を排除するのはよくないことですが，学びのための実験が事故に繋がっては何の意味もありません。実験中に起こりうる事故に対して予想を立てて，適切に対応してください。授業中の事故の責任は教師にあることを忘れてはいけません。

4 ＴＰＯに応じて授業の内容を変える

ＴＰＯとは

　ＴＰＯとは「Time」「Place」「Occasion(Opportunity)」を組み合わせた言葉です。日本語では，「時間」「場所」「場合（機会）」になります。この３つによって授業の内容も変えていく必要があります。下に理科の授業における「Ｔ」「Ｐ」「Ｏ」の実例をあげてみます。参考にしてみてください。

Time（時間）

　まずは，「Ｔ」（時間）。**生徒の集中力が弱まる時間を把握する**ことが大切です。朝起きてすぐの１時間目は集中度が低いことが多いです。導入で動画を見せるなど授業に集中させるような仕掛けをつくっていきたいです。また，給食後の５時間目も集中度は低いです。眠気と戦っている生徒も多いはずです。体を動かすような活動や班で話し合うような活動を積極的に取り入れたい時間帯です。

Place（場所）

　次に「Ｐ」（場所）。教室と理科室では，授業の組み立て方が大きく異なります。理科室は座席が向かい合っているため，どうしてもうるさくなりがちです。号令のときは，必ずおへそを授業者に向けるように徹底してください。理科室の授業できちんと指示を出せるのは，おへそが授業者に向いているときだけです。そして，このタイミングは号令の後の数分しかありません。私は，実験ではできるだけ授業のはじめにすべての指示を出すようにしていま

す。

「実験説明（最大5分）→実験（30分）→考察（10分）→片付け（5分）」という流れが基本です。実験の指示が多いときは，作業内容を2つに分けます。大切なのは，**指示を出すときは，全体の動きを止めさせること**です。中学生が静かに集中して指示を聞けるのは5分が目安になります。可能な限り指示は短く簡潔にするように心がけましょう。

また，実験中の声かけは最小限にしましょう。実験最中の指示は，生徒の耳に届きにくいです。何より実験の邪魔になってしまいます。たまに，実験結果を伝えてしまっている先生を見かけますが，何のために実験をしているのかわからなくなります。実験中の指示は，事故防止と生徒の学びに繋がるような最小限のアドバイスにとどめてください。

Occasion（場合）

最後が「O」（場合）です。体育の後は，バタバタして落ち着かない生徒が多くなります。プールの後は最高のお昼寝タイム。クラスの半分が眠そうにしているときは，思い切って授業内容を変えてみてもいいかもしれません。体育大会や文化祭，遠足や修学旅行などの行事も生徒に与える影響は大きいです。力や筋肉，音，乗り物など，理科はどんな内容にも繋げることができる教科です。**生徒の状況（場合）を把握し，生徒の興味関心をつかんで，授業者のペースに引き込めるような授業展開にしていきましょう。**

また，「Occasion」に該当するかわかりませんが，他の教科との連携も重要です。数学の二次関数と自由落下，社会科の時差と地球の自転など，理科は他教科といくらでも繋げることができる教科です。他教科の授業内容を把握することで，理科の授業内容をより深みのあるものにすることができます。

5 使いどころを精選する

使うタイミングを見極める

　教材・教具は使いどころが大切です。最も効果の高いタイミングを見極めてください。動画を例に考えてみます。動画を効果的に見せるタイミングは導入だと思います。私は，何も説明をすることなく，いきなり動画から授業を始めることがあります。2年生の感覚器官では，ライオンがシマウマを狩る動画を導入に使いました。生徒は急に始まった動画に興味を示します。動画を見せた後，「ライオンはどのような流れでシマウマを仕留めたでしょう？」と発問をしました。生徒からは，「見つけた」「走った」「ジャンプした」「キバを使った」などといろいろな反応があります。そして，「今からこの流れを解き明かしていこう」と授業を始めていきます。導入で動画を見せることで生徒は興味関心をもって授業に取り組むことができます。

精選するとは捨てること

　授業をよりよいものにしようと様々な教材・教具を知れば知るほど必要なのが，授業内容の精選です。精選するとは，捨てることです。教師になって数年。何サイクルか生徒を送り出し，授業スタイルもある程度確立した。そんな先生は，**今一度自分の授業に何を取り入れたいのか，そしてそのために何を捨てられるのかを考えてください。**教材研究に熱心な先生ほど様々な教材や教具を取り入れ，そのせいで授業内容が詰め込み過ぎになってしまっているのを見受けます。捨てることは取り入れることよりも難しいです。

6 無理はしない

上手くいく気がしない…そんなときは？

　新しく知った教材を使ってみたいけど上手くいく気がしない。そんなときはどうしたらいいでしょうか？　私は無理をして教材を使う必要はないと考えています。なぜなら，**教師が無理をして使った教材が学びに繋がるとは思えないからです。**前述のとおり，教師に最も大切なのは「心の余裕」です。余裕がないときは周りが見えません。生徒の状況をつかむこともできません。少し余裕が出てきて教材を使ってみたいと思ったときに，自分が最もやりやすいと感じるクラスから始めてみてください。教材が自分の思った通りの効果を発揮したときは，とても嬉しいものです。そして，成功体験が自信に繋がります。教師も生徒と同様，スモールステップでレベルアップしていくことが大切です。

「めんどうくさい」が授業をよくする

　「めんどうくさい」はあまりいい言葉ではないように感じます。この「めんどうくさい」が授業をよくすると言ったらどう思われるでしょうか。実は，「めんどうくさい」をはじめとする世の中の不平・不満が社会をよりよいものにしています。昨今話題の自動運転も「運転するのがめんどうくさい」に応えたものです。人間は欲求を解決するために，新しい科学技術を生み出してきました。授業も同様です。**あなたが授業で「めんどうくさい」と感じるのはどこですか？**　そこに授業改善のヒントがあります。「めんどうくさい」を仕事だからという理由でほうっておいてはいけません。そこを改善することが「授業の改善」につながるのです。

7　さらなるレベルアップを目指して

教師は職人，技は盗むもの

　教師五者論という言葉があります。「教師たるもの学者，医者，易者，役者，芸者であれ」というものです。教師に求められるものの大きさを感じる言葉です。教師は，専門職の中でも様々なことを求められる独特な職業だと思います。このようなことから私は，教師はある種の「職人」だと考えています。そして，教師が職人なら技を磨く方法はひとつしかありません。それは，**自分の理想とする人から「盗む」こと**です。「学ぶ」は「まねぶ」に由来するという話は，教育界ではよく聞く話ですが，教師という仕事もこれに該当すると思います。

　まずは，身近な人の中から「こんな教師になりたい」という理想の先生を見つけてください。授業ならこの人，生徒指導ならこの人，といったように複数の先生がいた方がいいと思います。くれぐれも自分に合った人（マネできそうな人）にしてください。無理は禁物です（笑）。これを繰り返せば，自分の理想の教師になれるはずです。いろいろな人から技を盗み，自分の授業スタイルをつくり上げてください。

常にアンテナをはる

　自分の授業スタイルができたら，授業については特に問題なく進めることができるはずです。でも，ここで満足してはいけません。日常の中には，理科の授業に繋がるものがたくさんあります。本屋や100円均一などは授業ネタの宝庫です。ガチャガチャなどにも授業で使えるものがたくさんあります。身近なものを授業に取り入れることで，生徒の興味関心を高め，深い学びに

繋げることができます。

　また，理科教師は最新の科学技術についても見識を深めていただきたいです。科学技術は日進月歩。5年後10年後には，今は予想もできない技術が誕生しているはずです。そのため，授業も日々進化を続けていく必要があります。最新の科学ニュースやノーベル賞などは授業内容には直接関係しなくても，理科の授業で取り上げていただきたいです。そこには，自然や現象に対する驚きや感動があります。

　教師は授業で勝負。教材研究のアンテナは常に高くして，試行錯誤をしながらよりよい授業を追求していきましょう。

第**2**章

分野別

授業で使える

アイテム

&

アイデア

100

1年／光の反射・屈折

1 頭の大きさがわかっちゃう！
鏡の実験

準備にかかる時間 ▶ 5分　　　　難易度 ★☆☆

大小2つの鏡を用意するだけで反射の授業が盛り上がる

　反射の法則の「鏡に全身を映すためにはどの程度の長さの鏡が必要か？」という問題を教えるときに使いたい授業ネタです。この実験では，2種類の大きさの鏡を用意します。鏡の大きさはおおよそでいいので，①頭の大きさと同程度　②頭の大きさの半分　とします。全身を映すためには，身長の半分の大きさの鏡でいいということを解説した後に，生徒に2種類の鏡を渡します。①の鏡では頭だけでなく胸あたりまで映ることを確認させます。その後，②の鏡を渡して一言**「頭がすべて鏡に映れば鏡の2倍より頭が小さい。もし，入らなければあなたの頭は鏡の2倍より大きいことがわかります」**こう言うと，教室は歓声と悲鳴に包まれます（笑）。でも，鏡に顔が映るか確認できるのは自分だけだと伝えると，安心して実験を続けることができます。鏡2つで授業をとても盛り上げることができるおすすめの実験です。

1年／光の反射・屈折

2 光の単元を盛り上げる！
3色の下敷き

| 準備にかかる時間 ▶ 5分 | 難易度 ★☆☆ |

色付き下敷きで光の謎にせまる

　光の三原色について教えた後に使いたいのが，上の写真のような色付きの下敷きです。3色の下敷きを見せて，「光には赤青緑の3種類の色しかありません。緑の下敷きは緑色の光だけを通すため，下敷き越しに見るとすべて緑色に見えます。同様に赤の下敷きではすべて赤色に見えます」と前置きをしてから「では，赤と緑の下敷きを重ねるとどうなりますか？」と発問します。正解は，「赤の光も緑の光も通れないので黒くなる」です。生徒から答えを導きたいです。下敷きの説明をしたあとに，レーザーポインタを下敷きに当てるとどうなるか考えさせます。赤いレーザーポインタを使ったので，赤の下敷きは通り抜けるが緑色の下敷きは通り抜けない（厳密には少し通り抜けるのでポインターの光がとても弱くなります）が正解です。実験が成功すると，生徒からは拍手が起こります。

1年／光の反射・屈折

3 光の性質を学べる！
100均レインボーライト

準備にかかる時間 ▶ 1分　　　　難易度　★☆☆

レーザーポインタで光が直進することを教える

　光の直進を教えるときにはレーザーポインタを使うとわかりやすいです。レーザーで光が直進するということを説明した後，光が直進するなら，なぜ電気を消した教室で私たちは周りを見ることができるのか考えさせます。光が物体に当たることで乱反射を繰り返し，目に光の粒が入ることで光を感じるというしくみにつなげたいです。

光の三原色は100均のレインボーライトで教える

　光と色の関係を教えるときには，100均のレインボーライト（赤，青，緑の3色ライト）が便利です。それぞれの色を見せた後，赤，青，緑の3色すべてを点灯させると，白く見えることを教えることができます。

　光の三原色について説明したあと，「植物の好きな色は何色？」と追発問します。多くの生徒は「緑色」と答えます。正解は緑以外です。光合成に使える光の色は赤や青。緑色は使えないので反射します。緑のライトで植物は育たないことを伝えると生徒はとても興味を示します。

上のようなイルミネーション用ライトや
ペン型など様々なタイプがある

1年／光の反射・屈折

4 ガラスを溶かす液体！？
授業を盛り上げる光の屈折マジック①

準備にかかる時間▶5分　　　難易度　★★☆

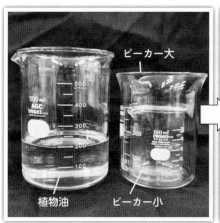

植物油（左）をビーカー小に注ぐ

ビーカー小から溢れた部分が消えて見える

大小２つのビーカーと植物油で授業が盛り上がる

　光の屈折を学習させた後で行いたい演示実験です。大小２つのビーカーを用意します。ビーカー大の中にビーカー小を入れてから，植物油をビーカー小に注ぎ続けます。植物油がビーカー小から溢れてこぼれるとビーカー小が見えなくなるという実験です。生徒からは歓声が起こります。しかし，重要なのはここからです。既習事項を整理して，理由をしっかりと考えさせたいです。光は透明な異なる物質との境目で屈折します。屈折するかどうかは物質の屈折率によって決まります。ビーカーなどの耐熱ガラスと植物油は屈折率がほとんど同じなので，光が屈折することなく真っ直ぐ進みます。そのため，まるでそこにビーカーがないように見えてしまうのです。大きく盛り上がる実験なので，ぜひやってみてください。

1年／光の反射・屈折

5 先生は魔法使い？
授業を盛り上げる光の屈折マジック②

> 準備にかかる時間 ▶ 5分　　難易度 ★★☆

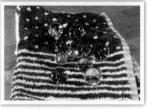

導入の科学手品で生徒の心をつかむ

　光の屈折で行いたい演示実験です。水を入れた水槽にビー玉を落とします。「カツン！」という音とともにビー玉が沈みます。ここからが見せ場。先生がビー玉に魔法をかけてからビー玉を水槽に落とすと…ビー玉が消えてしまうのです！　その後，ビー玉を取り出していきます。まずは見えているビー玉，次に見えないビー玉を取り出していきます。最終的には入れた数より多くのビー玉を取り出すと生徒は驚きます。この科学手品では，植物育成用のプラントビーズを使います。水と屈折率がほぼ同じなので光が直進して消えたように見せることができるのです。ポイントは最初に水槽を見せる段階でプラントビーズを沈めておくことです。科学手品は，内容以上に見せ方が肝心です。生徒が疑問をもって課題に取り組めるかどうかは先生の腕にかかっています。恥ずかしがらずに堂々とマジシャンに徹してください。

1年／凸レンズの働き

6 凸レンズの性質に楽しく気づく！
窓枠×虫眼鏡のお手軽実験

準備にかかる時間▶1分　　難易度 ★☆☆

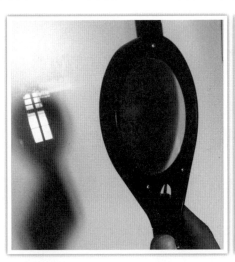

虫眼鏡で外の景色をフルカラーで壁に投影

　「虫眼鏡はどんなときに使う？」と発問すると，生徒は「新聞を読むとき」や「小さいものを観察するとき」と答えます。その後，「実は虫眼鏡にはものを大きく見せる以外に面白いはたらきがある」と伝え，おもむろにカーテンを閉めます。このとき，カーテンに隙間をつくり，窓枠の十字が見えるようにしてください（観察がしやすくなります）。虫眼鏡を取り出し，反対側の壁などに近づけて像をつくります。窓の景色が映ると生徒はとても驚きます。影ではなく，色があることにも気づかせたいです。その後，生徒を1人指名して窓際でピョンピョン跳ねさせます。像が飛び跳ねるのを見てさらに盛り上がります。最後に気づいたことがあるか発問して「像は上下左右が逆になる」と出ればシメシメ。次に行うレンズの実験に繋げたいです。

1年／凸レンズの働き

7 レンズの性質がすんなりわかる！
炭酸ペットボトルの爆笑実験

準備にかかる時間▶1分　　難易度　★☆☆

炭酸ペットボトルでレンズの性質について学ぶ

　レンズの授業の導入では，炭酸飲料のペットボトルが大活躍します。水をいれて，目の前に持っていき，「目でっか星人！」「鼻でっか星人！」と遊んでいるだけで，クラスは爆笑に包まれ，導入のつかみはバッチリです（笑）。ペットボトルと顔の距離を離すと上下や左右が反転することを示すことで，レンズによる像について学べます。また，ペットボトルは，曲面になる方向にだけレンズの性質をもちます。「レンズは素材ではなく，形が大切なこと」を実感させることで，次の凸レンズの実験へ繋げることができます。

フレネルレンズの仕組みを学ぶ

　レンズは形が大切なことを伝えた後，100均のフレネルレンズを配り，その仕組みを考えさせても面白いです。班で話し合い，見事答えを導き出した班はとても満足げでした。思考力を育む良問だと思います。

1年／音の性質

8 「音＝振動」であることが学べる！
お手軽楽器＆塩のダンス

準備にかかる時間 ▶ 5分　　　　難易度　★★☆

音の正体が空気の振動であることが学べる教具

　音の授業の導入は，音楽室で行うと楽しいです。音楽の先生の許可がいりますが，教師も生徒も気兼ねなく楽器を使ったり，大きな声を出したりして，楽しく授業を行うことができます。最初に様々な楽器で音を鳴らします。ここで使えるのが100均やお土産売り場に売られているちょっとした楽器類です。100均には，タンバリンやリコーダー，ベルなど様々な楽器が売られています。民芸品のミンミンゼミは，音が鳴る理由を考えさせるのに最適です。

　次に，音の正体に迫ります。ここで使いたいのが，プラスチックの容器に黒いゴミ袋を被せてピンと張っただけの教具。この上に塩を振りかけて，高い声や大きい声を浴びせると塩が踊り始めます。生徒は大喜びで10分くらいは叫び続けます（笑）。楽しみながら音の正体が振動であることを学べます。塩が飛び散り掃除が大変なのはご愛嬌です。

9 オシロスコープをグッと手軽に！
フリーソフト「振駆郎」

準備にかかる時間 ▶ 10分　　難易度 ★★☆

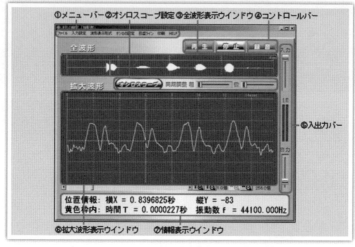

①メニューバー ②オシロスコープ設定 ③全波形表示ウインドウ ④コントロールバー

⑥拡大波形表示ウインドウ　⑦情報表示ウインドウ

© 国立教育政策研究所「理科ねっとわーく」

パソコンをオシロスコープにできるフリーソフト

　オシロスコープは，音の授業で欠かせない実験機器ですが，古い機器は重い，高い，画面が小さいの三重苦で非常に使いにくいです。しかし，パソコンやタブレットを簡単にオシロスコープにできるフリーソフト「振駆郎」を活用することで，どこにでもあるパソコンをオシロスコープとして使用することができます。「振駆郎」は，理科ねっとわーくの「映像と音声分析・合成ソフトで学ぶ『音・波動教育用デジタル教材』」から無料でダウンロードすることができます。なお，マイクが付いていないパソコンは別にマイクを用意する必要があります。

※「音・波動教育用デジタル教材」https://rika-net.com/contents/cp0260b/start.html

プロジェクターや大型テレビでクラス全体に見せる

　このソフトを使えばパソコンがオシロスコープになるため，パソコンをプロジェクターや大型テレビに接続することで，オシロスコープの波形を大画面で写すことができます。波形と音の関係性などをクラス全体で共有することで，生徒の理解を深めることができます。振駆郎は，音を波形にするだけでなく，一時停止機能や録音機能までついているので，音を楽しむ授業にはもってこいです。また，学校のタブレットパソコンやパソコン教室を利用することで，班に１台，環境があるならクラス全員でオシロスコープを使用することもできます。いろいろな活用方法を考えてみてください。

スマホ・タブレットのオシロスコープアプリを活用する

　パソコンではなく，ipad や Android タブレットのオシロスコープアプリを利用する方法もあります。Android では【Oscilloscope】，iOSでは【iAnalyzer Lite】というアプリをインストールしてみてください。どちらのアプリも無料です。スマホ・タブレットのマイクから入力された音を波形として表示させることができます。

Oscilloscope（for Android）

　シンプルなオシロスコープアプリです。アプリ起動と同時に音の検出が始まり自動的に音を波形にしてくれます。波を一時停止できるので，音と波形の関係についても説明しやすいです。

iAnalyzer Lite（for iOS）

　iOSのオシロスコープアプリです。画面中央部にある Mic というボタンをタップするとマイクから音をひろって波の形にしてくれます。画面が縦画面になってしまうのと，画面が３分割されることで小さくなってしまいますが，無料でここまでの機能があるのは素晴らしいです。

　ＩＣＴ機器をうまく活用することで音の授業を盛り上げてみてください。

　　　　　　　　　　　　　　　　　　　　ICT

10 好きな周波数の音を自由自在に出せる！
フリーソフト「発音」

準備にかかる時間 ▶ 10分　　　難易度 ★★☆

© 国立教育政策研究所「理科ねっとわーく」

蜂と蚊の羽音から振動数と音の高さとの関係性にせまる

　「発音」は周波数を指定するだけで，スピーカーからその周波数の音を出力できるフリーソフトです。前項の「振駆郎」と同じサイトからダウンロードすることができます。「振駆郎」と合わせて使うと，振動数と波形の関係性について気づかせることができます。また，蜂と蚊の羽音の違いを考えさせても面白いです。蜂の羽音は約200Hz（1秒で200回羽ばたく），蚊の羽音は約500Hz（1秒で500回羽ばたく）です。ドレミファソラシドを当てさせても面白いですね。絶対音感をもつ生徒がいたら，なお盛り上がります。うまく活用してみてください。ちなみに，音階と周波数の関係は以下の通り。

ド…262Hz	レ…294Hz	ミ…330Hz	ファ…349Hz
ソ…392Hz	ラ…440Hz	シ…494Hz	ド……523Hz

2年／電流

11 素手で電気を感じる！
アルミホイルのプチ感電装置

準備にかかる時間 ▶ 60分　　難易度 ★★★

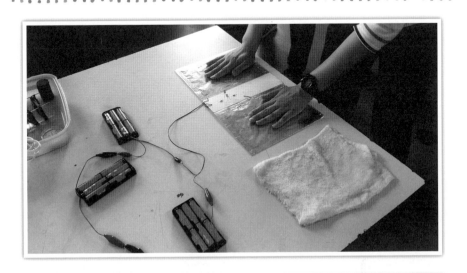

電池とアルミ箔で電流の実験を盛り上げる

　静電気と電流が同じ電気であることを体感しながら学べる実験です。上図のようにアルミニウムはくで覆った厚紙２つの両端に乾電池を直列に18本繋げます。１つ1.5Vなので，27Vになります。手をアルミホイルの上に置くと，身体に電流が流れ，手のひらに「ピリピリ」と電流を感じることができます。左右のアルミはくにＬＥＤをつなぐと，周りの生徒も電流が流れたことを確認することができます。回路がショートしてもＬＥＤが壊れないように，それぞれのＬＥＤに抵抗を組み込んでください。実際にやってみると，弱い電気風呂といった感じです。手を濡れ雑巾で湿らせると電気を感じやすくなります。ちょっとした実験で電流の授業が大きく盛り上がります。

※安全のため電圧は30V以下にしてください。

2年／回路と電流・電圧　　　　　　　　　　　　　ICT

12 生徒一人ひとりが自由に回路をつくれる！
回路のシミュレーション教材

準備にかかる時間 ▶ 5分　　　　難易度 ★★☆

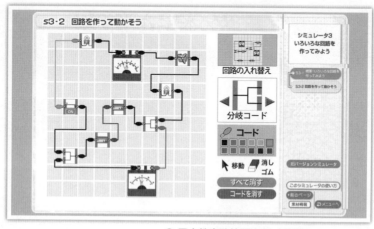

© 国立教育政策研究所「理科ねっとわーく」

回路をシミュレーションできるデジタル教材

　電流は得意不得意が大きく分かれる単元です。そんな電流の学習内容において回路はとても重要です。ここで直列回路と並列回路の違いをしっかりと理解させることが，後に続くオームの法則の学習に繋がります。回路を学ぶ上で一番よいのは，生徒全員が回路をつくることですが，限られた実験道具では全員に作業をさせるのは難しいです。そんなとき，回路のシミュレーター教材を使うことでクラス全員が回路に触れることができます。回路のシミュレーション教材には，理科ねっとわーくの「電気の働き」(https://rika-net. com/contents/cp0040e/start.html) や iOS アプリの「Circuit Builder」(https:// apps.apple.com/jp/app/circuit-builder/id595974948) など様々なものがあります。ぜひ，授業に取り入れてみてください。

2年／回路と電流・電圧

13 電流計・電圧計の学習がスムーズに！
くるくる電流計＆電圧計

準備にかかる時間 ▶ 30分　　　難易度 ★☆☆

電流計，電圧計の読み方を教える

　理科の先生なら電流計，電圧計の教え方について一度は悩んだことがあるのではないでしょうか？　端子を変えると，目盛りの読み方が変わってしまうので生徒は大混乱です。でも，この「くるくる電流計＆電圧計」を使えばもう安心です。紙に電流計のイラストを印刷してラミネートしただけなのですが，ポイントは針を触るとクルクル回るところ。掃除当番表などをクルクル回すときのピンを使ってつくります。赤と黒のミノムシクリップを使って繋げる端子を指定することで，端子による数値の変化についても学習させることができます。書画カメラで拡大することで，クラス全体で学習することができます。また，つくるのは大変ですが，人数分あれば，クラス全員で学習させることもできます。

2年／磁界中の電流が受ける力

14 仕組みがしっかり見える！
巨大クリップモーター

準備にかかる時間 ▶ 60分　　難易度 ★★★

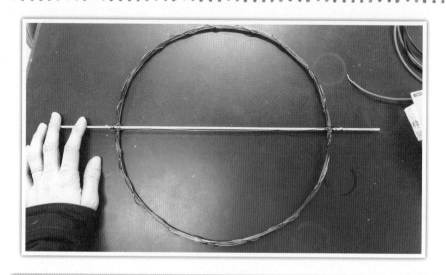

大きくして仕組みをわかりやすく示す

　クリップモーターは，モーターの仕組みが学べるとてもよい教材です。1人1つつくることができるのも利点です。ただ，難点なのは小さいことと，モーターが速く回り過ぎてしまい，肝心の仕組みがわかりにくいことです。これを解決してくれるのが巨大クリップモーターです。

巨大クリップモーターの材料

　太めのエナメル線（1㎜），竹ひご，銅箔テープ，大きなクリップ（代用できれば他のものでも可），牛乳パック（土台），大型磁石（大型スピーカーなどから取り出したものなど），電源装置

巨大クリップモーターのつくり方

太め（1mm）のエナメル線を10回程度丸型水槽に巻いてつくります。軸には竹ひごを使用しました。クリップモーターの要である端子には，100均の銅箔テープを使います。一方は全面，もう一方は片面だけに銅箔テープを貼ります。竹ひごはテープが貼りにくいため，紙やすりで削ってからセロハンテープで粉をとることで貼りやすくします。クリップモーターということで，端子の接触部には右の写真のような100均の大きなクリップを使ってみました（笑）。

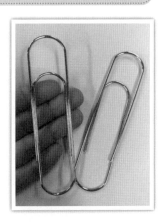

実際に回してみる

2A程度の電流を流すとゆっくり回り始めます。生徒にクリップモーターをつくらせた後，大きなクリップモーターを出したら授業は大盛り上がりするはずです。思ったより簡単につくれるのでぜひつくってみてください。

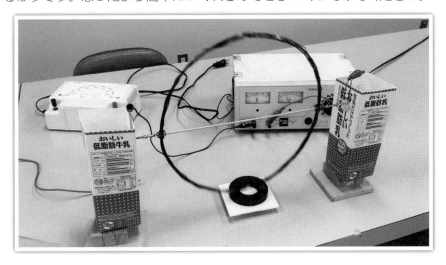

2年／磁界中の電流が受ける力

15 仕組みがしっかり見える！
巨大二極モーター

準備にかかる時間▶120分　　難易度 ★★★

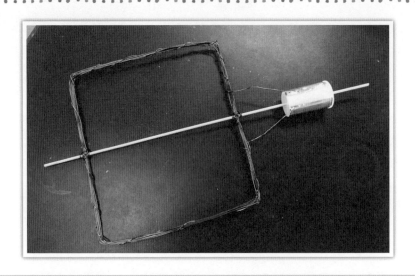

大きな二極モーターでモーターの仕組みを理解させる

　二極モーターを理解させるのは本当に難しいです。物理現象を理解する際，最も簡単な方法は，実際につくってみることだと思います。ということで大きな二極モーターをつくってみました。ポイントとなるのは整流子とブラシの仕組みをきちんと理解させられるかどうかです。整流子とブラシの部分は，生徒にわかりやすいようにフィルムケースを使って大きくつくります。

巨大二極モーターの材料

　太めのエナメル線（1㎜），竹ひご，銅箔テープ，フィルムケース，大きなクリップ（代用できれば他のものでも可），牛乳パック（土台），大型磁石×2（大型スピーカーなどから取り出したものなど），電源装置

整流子とブラシのつくり方

　太めのエナメル線（1mm）を15回程度巻いてコイルをつくります。整流子はフィルムケースに100均の銅箔テープを貼ってつくります（図1）。ブラシはいろいろ試した結果，太めの導線の外膜を剥いで銅線をほぐしたものがよいことがわかりました。図2は，整流子とブラシを拡大したものです。半回転するごとにコイルに流れる電流の向きが逆になっていることがわかります。電流を落としてゆっくり回すとよりわかりやすいです。大きな二極モーターの製作には，1時間以上かかります。少し大変ですが，回ったときは感動します。長期休みなどを利用してぜひつくってみてください。

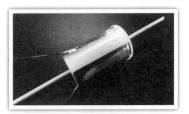

図1

図2

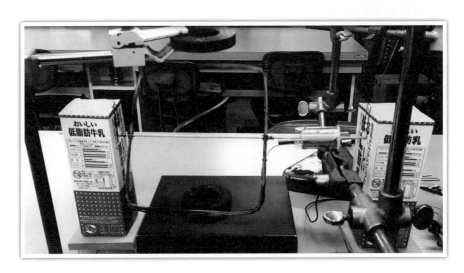

3年／水中の物体に働く力

16 水圧を体感しながら学べる！①
傘袋の実験

| 準備にかかる時間 ▶ 5分 | 難易度 ★☆☆ |

水を入れた傘袋をにぎらせて，水圧を体感させる

　水圧や気圧は，身の回りにありふれているものの，目に見えず，意識して体感することがほとんどないため，とても理解しにくい単元といえます。水圧を体感させる実験はたくさんありますが，最も簡単なのはビニールの傘袋を使った実験です。傘袋を二重にして水をいれます。初めに水の入った傘袋を横にした状態で生徒に軽くにぎらせます。左右で柔らかさが同じなのを確認させます。次に水を入れた傘袋を立てた状態で傘袋の上部と下部をにぎらせます。上部がフニャフニャなのに対して下部は弾力があります。深いほど水圧が大きいことがわかります。一通りにぎらせたら，傘袋の上部，中部，下部に穴を空けて水の勢いを見せることもできます。予算があるなら，傘袋の代わりに強度の強いゴボウの袋を使うと，より実験がやりやすいです。

3年／ 水中の物体に働く力

17 水圧を体感しながら学べる！②
ペットボトルとピンポン玉の実験

準備にかかる時間▶10分　　難易度 ★☆☆

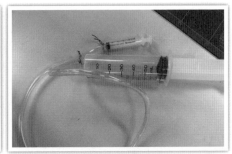

ペットボトルとピンポン玉で水圧を学ぶ

　前項で紹介した傘袋実験の実験とともに行いたいのがペットボトルとピンポン玉の実験です。まず，ピンポン球が水に浮くことを確認させます。ペットボトルを半分に切り取った上半分をひっくり返し，ピンポン玉を入れてから水を注いでいくと…浮かびません。ピンポン球の上部にだけ水圧がはたらいているからです。ここで「手で直接触らずに，ピンポン球を水に浮かべるにはどうすればいいですか？」と発問します。図を使って生徒に考えさせたいです。正解は「ペットボトルの口をため水につける」です。上下の圧力の差をなくすことでピンポン玉が浮かび上がります。

2種類の注射器で水圧と面積の関係を学ぶ（パスカルの原理）

　大小2種類の注射器とチューブを用意し，水を入れた後，2つの注射器をチューブでつないで押し合います。両手で大きい方の注射器を必死で押しているにもかかわらず，小さい注射器を持っている人は片手でも負けません。大きい注射器の方がパワフルに見えるので意外性の大きい実験になります。

運動の様子をビジュアルに記録できる！

18 カメラアプリ「モーションショット」

準備にかかる時間 ▶ 5分 ｜ 難易度 ★★☆

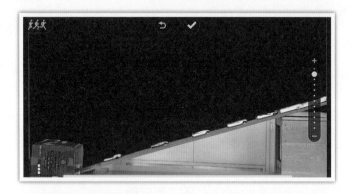

運動を1枚の画像として記録できる

　運動の単元で使いたいアプリが「モーションショット」（Sony Network Communications Inc.）です。このアプリを使えば，動画を撮影するだけで被写体の動きを連続写真のように1枚の静止画に自動合成することができます。ストロボなしでも，ストロボスコープで撮影したような画像を撮影することができるのです。アプリが動画を読み取り，背景はそのままに移動する物体だけを重ねて表示させることでこのような連続写真を可能にしています。表示コマ数なども自由に変更できます。生徒の動きを撮影してその場で合成画像をつくれるので，運動の授業で使うととても盛り上がります。記録タイマーだけでなく，ふりこの実験や月の満ち欠けなど活用できる場面はたくさんあると思います。野球部やテニス部などの先生は，部活で活用することもできそうです。うまく活用してみてください。

※「モーションショット」（iOS）https://apps.apple.com/jp/app/moshonshotto/id941542721

　（Android）https://play.google.com/store/apps/details?id=com.sony.motionshot&hl=ja

3年／力と運動

19 作用反作用の法則を学べる！
風力で進む不思議な車

準備にかかる時間 ▶60分 　　難易度 ★★★

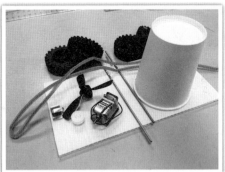

小学校の授業内容と関連付けてより深い学びに

　小学校では風力で走る車をつくります。中学校では，小学校での学びをより深める形で学習させるのが理想だと思います。授業で使うときは，帆に受けた風力で進む車を見せ，実際に動かした後，モーターをつけて自身で風を送れるように改造します。ここで生徒にモーターを回すとどのような変化があるか考えさせます。

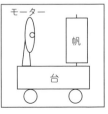

帆に向かって送風する

作用反作用の法則について考えさせる

　モーターで風を送っても，この車は全く動きません。理由を考えさせます。作用・反作用の法則という言葉を導きたいです。その後，どうすれば動くかを予想させてから，モーターと帆の間に手を入れます。車が帆ではなく，モーター側に向かって動くことで生徒はさらに驚くはずです。図に矢印を書かせて考えさせることで思考力を高めることができます。

全学年

物理の計算はこれでばっちり！
仮面ライダー

| 準備にかかる時間 ▶ 0分 | 難易度 ★☆☆ |

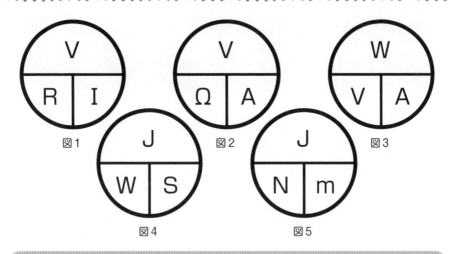

図1　図2　図3

図4　図5

語呂合わせで計算を楽しく

　小学校では，速さ・距離（道のり）・時間の関係を計算させるときに，「はじき」「みはじ」などの語呂合わせで教えることが多いです。先輩の数学の先生は「木下の花咲か爺さん」で教えていました（笑）。物理の計算は，生徒が苦手意識をもちやすい単元のため，このような語呂合わせで楽しく授業を行いたいです。私は，オームの法則を教える際**「仮面ライダー」**で教えています（図1）。Vが角になります。RがΩに繋がらない生徒が多かったので，仮面ライダー2号（図2）も登場させました。同様にWを教えるときは，仮面ライダー3号（図3）です。ジュールについては，**「女子はワインとサラダ好き」**（図4）と教えたり，力の単元では**「ジャニーズがなんぼのもんじゃー」**（図5）と教えたりしました。楽しみながら学習させるのが教師の腕の見せ所。いろいろな工夫をして授業を盛り上げましょう。

1年

21 1年生の心をつかむ！
魔法の液体マジック①

準備にかかる時間 ▶ 5分　　難易度 ★☆☆

ヨウ素溶液とカルキ抜きのお手軽化学マジック

　ヨウ素溶液（ヨウ素ヨウ化カリウム水溶液）で色をつけた水に飼育魚用のカルキ抜き（チオ硫酸ナトリウム）を入れると瞬く間に色が透明になります。これは還元反応によって起こる現象です。

　ヨウ素溶液には，茶色いヨウ素分子が含まれています。ヨウ素分子は酸化剤で，他の物質から電子をもらうとヨウ化物イオンになる性質があります。一方，チオ硫酸ナトリウムは還元剤で，他の

物質に電子を与える性質があります。この実験では，ヨウ素分子とチオ硫酸ナトリウムが酸化・還元反応を起こすことでヨウ素分子がヨウ化物イオンに変わり，色が透明になるのです。カルキ抜きの代わりにレモン汁などのビタミンCが入ったものでも同様の現象が起こります。よく食品の成分表にビタミンC（酸化防止剤）と書かれていますが，あれは食品の代わりに酸素と結びつく還元反応を起こす性質があるからです。見せ方を工夫して，紅茶のペットボトルにヨウ素溶液を入れておき，ビタミンC入りのスポーツドリンクで色を消すと生徒はびっくりします。

　還元反応によって色が消えたヨウ素溶液は，酸化剤を加えることで再び色をつけることができます。先ほどとは逆にヨウ化物イオンがヨウ素に戻るのです。臭素，塩素，オキシドール（過酸化水素水）などを加えればヨウ素の色を戻すことができます。授業開きなどで使える生徒の心をつかむ実験です。

1年

22 1年生の心をつかむ！
魔法の液体マジック②

準備にかかる時間 ▶10分　　難易度 ★★☆

メチレンブルーのお手軽化学手品

　ペットボトルに入っているのは一見すると水のような無色透明な液体。生徒に「ここにただの水があります。この水に魔法をかけると…」と言ってペットボトルを振ります。すると，無色透明の液体が一瞬できれいな青色に変わります。生徒はびっくりします。さらに，教師が「ただの水に戻れ〜」っと念じる（静置する）と，今度は青かった液体が無色透明に戻ります。生徒はまるで先生が魔法使いのように感じるのではないでしょうか？　ちなみにこの液体の色の変化は何回も繰り返すことができます。

実験の解説

　この実験の色の変化は酸化還元反応によって起こっています。生徒に「ただの水」と伝えた液体は当たり前ですがただの水ではありません（笑）。メチレンブルーが含まれています。メチレンブルーには，酸化型と還元型の2つの状態があります。酸化型は青色で，還元型は無色透明です。この実験では，メチレンブルーの2つの状態を使って液体の色を変化させています。

試薬のつくり方

❶水250 mL，水酸化ナトリウム5gを加えて溶かします。

❷水酸化ナトリウムが完全に溶けたら，ブドウ糖3gを加えます。

❸メチレンブルー水溶液を数滴加え，色の変化を観察します。

　メチレンブルーは，飼育魚の薬として安価に手に入れることができます。生徒の心をつかむ「魔法の水」の実験，ぜひやってみてください。

1年／身の回りの物質とその性質

23 液体の密度が目で見てわかる！
水と油とエタノールの実験

準備にかかる時間▶5分   難易度 ★☆☆

実験を通して液体の密度を学ぶ

　生徒は固体に対しては重さの概念がありますが，液体や気体に対しては重さの概念が曖昧です。油が水に浮くことは知っていても，「水1ℓと油1ℓではどちらが重い？」と聞かれると答えられないことが多いです。この実験をすると液体の重さについて理解を深めることができます。必要なものは，試験管，水，油（ごま油が色がついていてわかりやすい），エタノ

ール，ストローです。まず，水を入れておいた試験管に油を1滴だけストローで入れます。油がボールのように水の上に浮かびます。数滴入れると層のようになります。次は，逆に油を先に試験管に入れておいてから水を加えます。ふわぁっと静かに水の玉が沈んでいきます。試験管を回して拡散させると，油の中を大小の水の玉がクルクルと回り綺麗です。最後に水とエタノールです。パッと見では水とエタノールは見分けがつきません。水とエタノールは混ざりやすいため試験管を静かに傾けて注いでください。わかりにくいですが，よく見ると水とエタノールの境界面があるのがわかります。**この状態で油を入れると，水とエタノールの境界面で油が浮遊します。**密度が，エタノール，油，水の順に大きいことがわかります。

1年／気体の発生と性質

24 理科の授業開きはこれでばっちり！
ブタンのファイヤーショー

準備にかかる時間 ▶ 5分　　　難易度 ★★☆

授業開きで生徒の心をつかむ

　用意するものは試験管にゴム栓とガラス管を取り付けたものと液化ブタンです。液化ブタンは100均でライターの燃料補給用として売られています。液化ブタンを試験管に入れて，ガラス管にマッチを近づけるとどうなるか？発問します。「①マッチの火が消える②ガラス管に火がつく③爆発する」の3択で予想させます。マッチの火を近づけると②が正解であることがわかります。ここで追発問「試験管の下の方を手で持つとどうなりますか？」同じく「①火が消える②火が激しくなる③爆発する」の3択にして予想させます。手で持っただけでも火は激しくなりますが，軽く上に振ると大きな火柱が上がります。盛り上がることまちがいなしの面白実験ですが，とても危険な実験なので，安全面に配慮して実験を行ってください。ちなみに液化ブタンには上図のように紙を貼っておくと，イタズラ防止（マネッコ防止），ネタバレ防止になります。

化学分野

1年／気体の発生と性質

25 気体の重さを実感できる！
風船＆シャボン玉実験

| 準備にかかる時間 ▶ 5分 | 難易度 ★☆☆ |

気体の重さを調べる方法

　気体の重さは生徒にとってとてもイメージしにくいものですが，風船を使うことで，気体の重さを体感させることができます。最初に空気を入れた風船の質量を測り，その後空気を抜いてから風船の重さを測ります。質量が小さくなっていることを電子てんびんで示すと，生徒はとても驚きます。

　酸素や二酸化炭素，水素の重さは，実験用ボンベとシャボン玉を使うことで調べることができます。実験用ボンベにストローを取り付けシャボン液をつけます。**二酸化炭素のシャボン玉はすごい勢いで落下しますし，水素のシャボン玉はあっという間に天井に当たります。**空気と比べたときの，気体の重さを実感させることができます。また，二酸化炭素のシャボン玉をロウソクの火にぶつけたり，水素のシャボン玉に火をつけたりすることで，気体の性質の学習にもつなげることができます。

1年／水溶液

(26) 思考力と実験技能が試される！
醤油から塩だけを取り出す実験

> 準備にかかる時間 ▶ 20分　　　難易度 ★★★

醤油から塩だけを分離する実験でパフォーマンステスト

　醤油から塩だけを分離させる実験です。醤油には塩の他にアミノ酸など様々な物質が入っており，塩だけを分離するのは思った以上に難しいです。生徒に実験させるときは，「机の上にある実験器具を使って30分以内に塩を取り出しなさい」と指示します。やり方ですが，まず，醤油をガスバーナーで熱して水分をとばします。さらに加熱を続け醤油を炭化させます。次にガスバーナーを持ち上げ，上から直火で加熱し，醤油を完全に炭化させます。過熱した醤油がサラサラになるまでひたすら加熱してください。**完全に炭化できるかどうかがこの実験の一番のポイントとなります。**炭化した醤油をビーカーに取り，水を入れてかき混ぜます。完全に炭化できていた場合，この液体をろ過すると透明な液体が得られます。ろ過した溶液を再度加熱すると塩を析出させることができます。有機物，無機物，再結晶，炭化，ろ過など，思考力だけでなく様々な実験技法も必要とされるパフォーマンステストです。

1年／ガスバーナーの使い方

27 マッチの性質を正しく理解させる！
マッチの火でクラスマッチ

準備にかかる時間 ▶ 5分　　難易度 ★☆☆

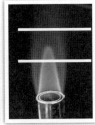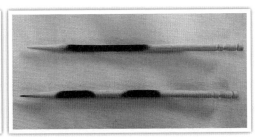

マッチの使い方を教える

　火を扱う実験での事故の一部は火に慣れていない生徒がパニックを起こすことで起こります。マッチを使った授業で，火に慣れさせることができます。始めにマッチの持ち方や擦り方など使い方を確認します。このとき，理科室の机の色はなぜ違うか考えさせて，難燃性の塗料によって火がつかないようになっていることを教えてください。**机の上にマッチを落としても何の問題もないことを伝えると，不要なパニックを起こさず事故を防止できます。**マッチは火をつけた後，縦に持つと燃えつき，横にすると燃え続けます。**一番危険なのが柄を上にしてマッチを持つこと。マッチの火傷の原因はほとんどがこれです。**各班から1人ずつ順番に立たせて，マッチの炎を30秒維持できるか挑戦させます。一度に6人ずつが実験を行えるので6分程度で全員にマッチを使わせることができます。6人なら教師の目も届くはずです。また，ガスバーナーの実験では，つまようじを使うことで炎は場所によって温度が違うことを教えることができます。つまようじをピンセットで炎の先と根本で熱し，数秒してから比較すると根本の部分では，つまようじが焦げないことがわかります（上図）。火について正しく理解させて事故を防ぎましょう。

1年／状態変化と熱

28 水蒸気への理解が深まる！
エレビーカー

準備にかかる時間 ▶ 15分　　難易度 ★★☆

論理的な思考力を高める実験

　右の写真のように，水を満たしたビーカーの中に，一回り小さなビーカーを逆さまに置きます。この状態で加熱を続けるとどうなるでしょうか。結果を予想させてから実験を行います。しばらく加熱すると水が沸騰し始めます。ブクブクと音を立てて水が水蒸気になります。でも，気泡はすぐに消えてしまいます。上部の温度が低いからです。さらに加熱を続けると，ある現象が起こります。**ビーカーが上下に連続的に動き始めるのです。**この実験は別名「エレビーカー」と呼ばれていて，小学校ではポピュラーな実験だそうです。仕組みを解

説します。水温が上部まで100度に達すると沸騰した水蒸気がビーカーにたまりビーカーを押し上げます。ビーカーが持ち上がりビーカーの底が水面から出ると空気で冷やされます。冷やされた水蒸気は水に戻り体積が減りビーカーが沈みます。**「加熱→体積増→冷却→体積減」を繰り返すことでビーカーが上下運動を繰り返す**ことになります。この実験はさらに学びを深めさせることができます。実験後，ガスバーナーを消してビーカーを冷やすとどうなるか考えさせてください。やってみると，ビーカーの中の気体がなくなるのが観察できます。水蒸気が冷やされて水に戻ったことがわかります。空気ならこんなことは起きません。空気と水蒸気の違いをはっきりと示し，水蒸気への理解を深めることができる実験です。

2年／物質の分解

29 火を止める前にガラス管を抜くのはなぜ？
ぶくぶくおっとっと実験

| 準備にかかる時間 ▶ 20分 | | 難易度 ★★★ |

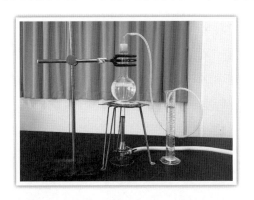

逆流の危険性を体感させる

　炭酸水素ナトリウムの熱分解の実験では，逆流を防ぐために火を止める前にガラス管を石灰水から抜くように教えますが，生徒は逆流がどのようなものなのか理解しているのでしょうか？　疑問に思い，実際に逆流を見せたことがあります。準備物は，ガスバーナー，三脚，金網，水を入れた丸底フラスコとメスシリンダー，ゴム管，ガラス管×2，ゴム栓，沸騰石です。上の写真のように実験器具を設置します。メスシリンダーには，多めに水を入れて，フラスコのゴム栓の位置まで水を逆流させる方がダイナミックな実験を行えます。実験を行う前にどのような結果になるかを生徒に考えさせてください。フラスコの水を沸騰させてから，ガスバーナーの火を消します。温度が下がり少しずつゴム管の中を水が逆流します。逆流した水がフラスコ内に入ると，フラスコ内の水温が下がり，反応がいっきに加速します。生徒からは悲鳴や歓声が起こります。逆流の仕組みや，なぜ危険なのかを考えることが思考力の向上につながります。面白い実験なのでぜひやってみてください。

2年／原子・分子

30 原子・分子を楽しく覚える！ 歌&ペーパーアイテム

準備にかかる時間 ▶ 15分　　難易度 ★☆☆

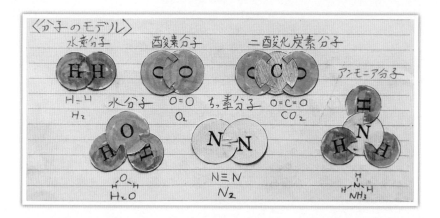

原子記号は歌と語呂合わせで楽しく学ぶ

苦手な生徒が多い化学式も少しの工夫で楽しく学習させることができます。まず基本となる原子記号の導入はお決まりの歌を歌わせます。かっきー&アッシュポテトさんの「スイヘイリーベ〜魔法の呪文〜」はリズムがよく，楽しみながら原子の名前を学べます。もう1つが語呂合わせです。「Ag（アジ）は銀色」「鉄のFe（笛）」など，楽しみながら原子を覚えることができます。

分子を楽しく学べるペーパークラフト

分子の学習のポイントは原子の組み合わせです。色や大きさを変え，切り込みを入れた原子モデルのペーパークラフト（上図）を組み合わせて分子モデルをつくることで原子の違いや結合のしくみを学ばせることができます。マグネットシートでつくった原子モデルを黒板に貼ることで，生徒は自分でつくったモデルと見比べながら学習することができます。

31 原子を楽しく学べる！
おもしろ周期表

準備にかかる時間 ▶ 10分　　　難易度 ★☆☆

立体周期表で授業を盛り上げる

　周期表は化学の基本です。でも，教科書に載
っている表を暗記するのは生徒にとってもつら
いもの。そこで，授業では一工夫ある周期表を
使って，楽しく原子を学ばせたいです。おすす
めは，らせん上に原子を並べることで規則性を
表現した「Elementouch（エレメンタッチ）」
です。考案者の前野教授（京都大学）の研究室
サイトからダウンロードしたＡ４サイズ型紙
（写真中）をＯＨＰシートに印刷すれば，はさ
みとセロテープで簡単に作製できます（なお，

右の写真は「エレメンタッチ」をペン立てとして商品化した京都大学のグッ
ズ（旧版）です。手づくりでも同じ形のものがすぐにつくれます）。

　また，周期表アプリを活用すれば，プロジェクターや大型テレビに映すこ
とでクラス全体で学ぶことができます。元素周期表を楽しく学べるアプリで，
おすすめなのは「元素図鑑」です。これは，ベストセラー本の『世界で一番
美しい元素図鑑』（セオドア・グレイ著，ニック・マン写真，若林文高監修，
武井摩利訳，創元社）をアプリ化したものです。ぜひ，授業で活用してみて
ください。

※「Elementouch」http://www.ss.scphys.kyoto-u.ac.jp/elementouch/howto/index.html

　「元素図鑑」（iOS アプリ）https://apps.apple.com/jp/app/元素図鑑-作-theodore-gray/id364147847

2年／原子・分子　　　　　　　　　　　　　　　ICT

32 分子の学習が自由自在！ 分子モデルをつくれる「MolView」

準備にかかる時間▶20分　　　難易度 ★☆☆

原子モデルをブラウザアプリやスマホアプリで理解させる

　分子について教えるときは，立体的な構造を伝えるために原子モデルを生徒につくらせて教えるのが効果的です。しかし，1人に1つ教材があるわけではないため，授業では，実際に作業をしているのは1人だけ，なんてことになってしまいがちです。そんなときは，思い切ってパソコン室で分子モデルについて学習させるのはどうでしょうか。「MolView」を使えば，パソコンで3Dの分子モデルをつくることができます。スマホやタブレットで操作することができるので，大型テレビやプロジェクターに映すことで，クラス全体で分子を立体的に学ぶこともできます。スマホアプリにも，「Molecular Constructor」（Android，iOS 対応）など授業で使えるものがたくさんあります。ぜひ活用してみてください。

※ MolView（http://molview.org/），Molecular Constructor（http://molconstr.com/mobile/）

2年／化学変化と質量の保存

33 質量保存の法則を実感できる！
炭素の燃焼実験

> 準備にかかる時間 ▶ 20分　　　難易度 ★★★

質量保存の法則は実験で体感させる

　画材用の木炭（炭素）で質量保存の法則を学ぶことができます。まず，木炭0.04g グラムを測りとります。できるだけ固まりで削り取ったほうが爆発しにくく，安全に実験が行えます。丸底フラスコ内に木炭と酸素を入れます。酸素が丸底フラスコに満たされたかどうか調べるには線香を使います。燃やした線香をフラスコの口に当てた状態で酸素を入れていき，線香が炎を上げて燃えたらフラスコが酸素で満たされた証拠です。ここで，ゴム栓＋フラスコ＋木炭＋酸素の合計質量を測ります。

　その後，ガスバーナーでフラスコを加熱していき，木炭が赤く燃焼を始めたら親指でゴム栓を抑えながらフラスコを振ります。このとき，親指を絶対にゴム栓から離してはいけません。内部の圧力が高くなるので注意してください。燃焼後，フラスコの中身が空になっています。質量を計測して，質量が保存されていることがわかると生徒からは歓声が上がります。生徒の考察から「$C + O_2 \rightarrow CO_2$」という化学反応式を導きたいです。

3年／原子の成り立ちとイオン

34 身近な液体で思考力を培う！
電解質の実験

準備にかかる時間 ▶ 30分　　　難易度 ★☆☆

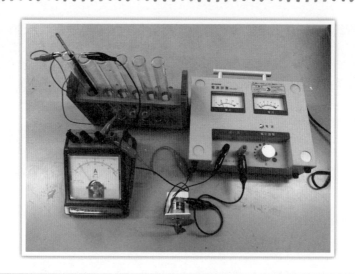

電解質の実験で思考力を高める仕掛け

　電解質と非電解質の実験では，実験の順番を大切にしたいです。固体の砂糖，固体の食塩，砂糖水，食塩水という順に実験を行うと，固体と液体の違い，砂糖と食塩の違いについてより深く学ばせることができます。また，身近な液体に電流が流れるかどうかを調べさせても面白いです。私が実験で行ったことがあるのは，スポーツ飲料，オレンジジュース，麦茶，ビール，コーラ，牛乳などです。私が行ったときの結果は，麦茶とビールは電流が流れず，スポーツ飲料とオレンジジュースは電圧を5Vまで上げると流れました。コーラと牛乳は5Vでは流れませんが12Vで流れました。どのような結果になるかは正直やるまでわかりません。生徒とともに予想を立てて実験を行うことで，科学的な思考力をつけることができます。

3年／原子の成り立ちとイオン

35 原子を視覚的に理解できる！
カプセル原子モデル

準備にかかる時間 ▶ 15分　　　難易度 ★☆☆

目に見えない原子はモデルで理解させる

　原子やイオンは目には見えない粒子について考える必要があるため，生徒にとってイメージがしにくく難しい単元です。しかし，目に見えない粒子を少しの工夫で「見える化」することで，イメージがしやすくなり理解を助けることができます。原子やイオンの単元では，カプセルトイのカプセルを使って原子モデルをつくることができます。材料はカプセルと発泡スチロール玉，爪楊枝のみ。電子に爪楊枝を取り付けることで，電子が飛び回る様子を再現できます。右上の写真はヘリウム原子です。陽子が2つ，中性子が2つ，電子が2つです。カプセルに陽子2つと中性子2つを入れて「これは何？」と聞くと「原子核」という答えが返ってきます。陽子3つ，電子3つ，中性子4つを使ったモデルもつくりました。陽子と中性子の数が異なる原子があることを学べます。スマホの電池などに使われており，ノーベル賞を受賞するなど盛り上がっているリチウム原子です。目に見えないものは，このようにモデルにすることで生徒の理解が深まります。

3年／化学変化と電池

36 電池の仕組みを楽しく学べる！
55円電池の実験

準備にかかる時間 ▶ 30分　　　難易度 ★★☆

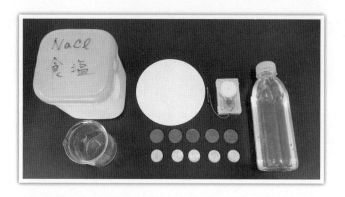

SOS発信機に電気を流そう

　電池の総まとめに使えるのが55円電池の実験です。私はこの実験を「**無人島で生き残れ**」というストーリー仕立てで行います。下にストーリーの概略を書きます。

55円電池の授業プラン例

　無人島に漂着した主人公カップル（主人公には学年の先生の名前をつけると盛り上がります）が，偶然にもSOS発信機を見つけます。しかし電池が入っていない！　このピンチを，理科を一生懸命勉強した主人公が，偶然ポケットに入っていた「10円硬貨5枚，1円硬貨5枚，ティッシュ，SOS発信機」で55円電池をつくって乗り切り無事生還するというお話です。はじめにワークシートを配り，個人で55円電池の設計図を予想して書かせます。その後，班隊形にさせて実験道具を配ります。配付する実験道具は，ビーカー，食塩水（海水），10円硬貨5枚，1円硬貨5枚，ろ紙（ティッシュ），電子オルゴール（＝SOS発信機）です。

食塩水は教師があらかじめつくっておく方が時間の短縮になります。また，ティッシュはすぐに破けてしまうので，代わりにろ紙を使わせました。班で順番に自分の設計図を試して，失敗した場合は班で「なぜ失敗したのか」考察を繰り返して正解を見つけるように指示します。この，失敗から何かを学ぶという姿勢は，生きていく上で大切な能力だと思います。このような力を実験や学校生活で培いたいです。

55円電池のつくり方

　ろ紙を食塩水に浸します。10円玉と１円玉の間に食塩水に浸したろ紙を小さく破いて挟み，１つの化学電池をつくります。これと同じものを５組つくって直列に繋げば完成です。何のヒントもなく，生徒にやらせても中々成功しません。生徒がよくやる失敗は，

❶ろ紙を破いて硬貨で挟むということに気づかない

❷10円玉→ろ紙→１円玉→<u>ろ紙</u>→10円玉→ろ紙→１円玉→のように無駄なろ紙を挟んでしまう

❸ろ紙が大きすぎてろ紙同士（もしくは１円玉と10円玉）を接触させてしまい，電池にならない

❹10円がプラス極になるということがわかっていない

などが挙げられます。これらの課題を自分たちの力で解決できればいいのですが，生徒だけで解決するのは難しいです。そこで，生徒が実験のどの段階でつまずいているのかを判断して，適切なヒントを出します。

❶でつまずいている班には，教科書などでボルタ電池を見せると硬貨を重ねるという発想が生まれます。❷でつまずいている班には，11円で電池はつくれるが，電圧を上げるために直列に繋ぐことを伝えることで，無駄なろ紙を挟まなくなるはずです。❸でつまずいている班には，電池同士が塩水でくっついていたら漏電してしまうことを伝え，紙と紙が接触しないようにする必要があることに気づかせます。生徒の思考力が試される実験です。

3年／酸・アルカリ

37 酸・アルカリの実験をもっと安全に！
酢酸と重曹水

準備にかかる時間 ▶ 5分　　難易度 ★☆☆

酸・アルカリの実験で用意しておくべき2つの液体

　実験で最も気をつけなければならないことは事故を起こさないことです。しかし，どれだけ気をつけていても事故は起こります。そのため，事故が起こったときの対策もしておく必要があるのです。化学実験では，塩酸や硫酸などの酸や水酸化ナトリウム水溶液などのアルカリ水溶液をこぼしてしまうことがあります。そんなときのために準備しておきたいのが**お酢と重曹水です。これらの液体で酸やアルカリを中和させることで危険性を減らすことができます。**硫酸などの酸をこぼしてしまったときは重曹水をかけます。重曹水は泡を出しながら中和されるので，泡が出なくなったら中和成功です。逆に，水酸化ナトリウム水溶液などのアルカリ性の液体をこぼしてしまったときは酢酸をかけて中和させてください。完全に中和したか確認するために，酢酸を酸性状態になるまでかけます。このとき，酢の匂いがするかが見極めるポイントです。ちなみに，酢酸に重曹水をかけても中和反応が起こるので，それだけでもプチ実験になります。安全に配慮して実験を行いましょう。

全学年

38 良質な動画を生徒に届ける！「物質・材料研究機構」ムービーライブラリ

準備にかかる時間 ▶ 5分 　　難易度 ★☆☆

2016.02.01 公開
#09 超撥水材料

2015.11.26 公開
#08 シャープ芯の配向実験

2015.07.22 公開
#07 見えないガラス

2015.04.30 公開
#06 ダイヤモンドと熱伝導

2014.12.03 公開
#05 サイアロン蛍光体

2014.04.09 公開
#04 超微細加工技術

2014.02.12 公開
#03 電磁誘導

2013.10.01 公開
#02 形状記憶物質

2013.03.29 公開
#01 超伝導

最先端の物質・材料の研究に触れる

　国立研究開発法人物質・材料研究機構（略称NIMS ニムス）は，材料科学技術に関する基礎研究および基盤的研究開発等の業務を総合的に行うことにより，物質・材料科学技術の水準の向上を図ることを目的として設立された国立機関です。NIMSのホームページの上部の「広報活動」にある「ムービーライブラリ」には，授業で使いたい様々な動画が掲載されています。「未来の科学者たちへ」には，「低融点合金」「ダイヤモンドと熱伝導」「超電導」「シャープ芯の配向実験」など，理科の先生も思わず唸ってしまうような内容が中学生でも理解できるわかりやすい用語で解説されています。「未来の科学者たちへ」の他にも　「鮮やか！実験映像」，「NIMSに驚く！ムービー」など理科の先生にとっても勉強になる動画ばかりです。ぜひ授業に活用してみてください。　　　　　※提供:NIMS（https://www.nims.go.jp/index.html）

全学年

39 安全・安い・環境にやさしい！
100均アイテムでマイクロスケール実験

準備にかかる時間 ▶ 30分　　難易度 ★★☆

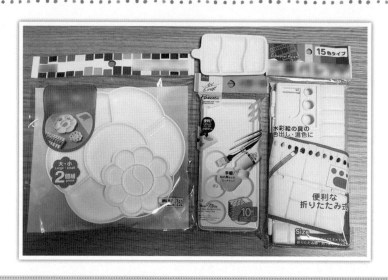

少量の薬品で安全に実験を行う

　マイクロスケール実験とは，小さい器具でごく少量の試薬を使って行う実験のことです。様々な薬品が必要な pH を調べる実験では，100均で売られている絵具用のパレットや梅皿のような小さく区切られたお皿を使用することで数滴の薬品でのマイクロスケール実験を行うことができます。マイクロスケール実験では，塩酸や水酸化ナトリウムなどの危険な液体もＢＴＢ溶液などの指示薬も少量ですむので，薬品をこぼしたりしたときの危険性も少なく，安全に実験を行うことができます。実験後の薬品の処理も少量なので，環境に対する負荷も抑えることができます。**「物理実験は大きく，化学実験は小さく」**を合言葉に，定性的な実験は可能な限り少量の薬品で行うように心がけましょう。

100均の使い捨てタレビンを使った電気分解装置

100均のタレビンでマイクロスケール実験用の簡易電気分解装置をつくることができます。電気分解の実験は，炭酸水素ナトリウム水溶液や塩化銅水溶液などの危険で有害な水溶液を扱います。実験後には廃液の処理をする必要もあるため，事故防止と環境負荷の観点からも，マイクロスケール実験を行いたいです。

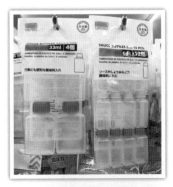

簡易電気分解装置のつくり方

大小のタレビンを用意し，大きい方のタレビンの上部を切り取ります。小さいタレビンの底に穴を空けて炭素棒を差し込みます。大きいタレビンに２つの小さいタレビンを逆さにして入れると完成です。

簡易電気分解装置を使った実験方法

ビーカーの中で，大きいタレビンに１cmほど試液を入れます。小さい方のタレビンにもピペットで試液を入れます。このとき，表面張力が働くまで試液を入れます。こうすることで，ひっくり返しても試薬がこぼれることなく電気分解装置（右図）をつくることができます。電源には９Ｖの電池を使うと簡単です。この電気分解装置なら50mℓほどの溶液で電気分解の実験を行うことができます。ぜひつくってみてください。

3年

40 化学と物理の知識を駆使する！
電気パンづくり

準備にかかる時間 ▶ 30分　　　難易度　★★☆

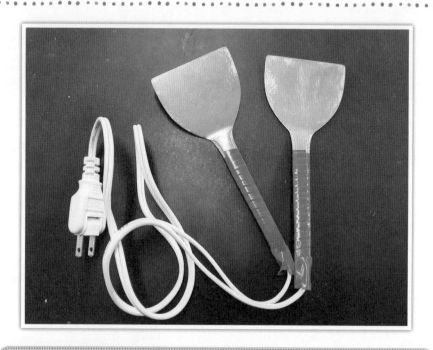

100均の材料でつくれる電気パンマシーン

　電気パンは，電気を使ってパンをつくる実験（料理？）です。カルメ焼き
と比べて失敗もなく，誰でも簡単につくれます。しかし，感電の危険性があ
るのでその点は注意しなければなりません。電気パンは，100均の材料で簡
単につくることができます。器具の材料は，電気の延長コード，お好み焼き
のコテ×2，絶縁できるビニールテープです。まず延長コードのメス（穴が
開いている方）側をニッパーなどで切ります。カッターでケーブルを2つに
割いて，ニッパーやハサミを使って銅線を出します。このとき銅線は少し長

めにしておく方が後で作業がしやすいです。コテに銅線を固定しビニールテープでとめます。このとき，コテに穴が開いていれば固定しやすいです。感電の危険性があるので，必ずコテの取っ手全体を絶縁してください。

おいしい電気パンのつくり方

用意するのはホットケーキミックスと水だけです。ホットケーキミックスは，食塩の入っているものにします。電解質でなければ電流が流れないからです。はじめに，ホットケーキミックスに水を入れて生地をつくります。生地を型（牛乳パックが簡単で使いやすいです）に流し込み，電気パンマシーンを型にセットします。あとは，感電に注意してコンセントに差し込むだけ。しばらくすると，パンのおいしい匂いがして生地が膨らんできます。

電気パンの仕組み

市販のホットケーキミックスに入っている食塩が水に溶けるとナトリウムイオンと塩化物イオンに分かれます。（ここが中学校の理科の学習内容です）。コンセントは交流で＋と－が1秒間に50もしくは60回入れ替わります。する

と，イオンが振動を起こして摩擦熱が発生します。その熱によってパンをつくっているのです。電子レンジもこれと同じ原理で，水の分子を振動させることで熱を発生させます。

調べてみると電気パンは，陸軍でも使われていた昔ながらの装置のようです。パンを食べながら，理科の学習だけでなく，平和学習までできるなんてすごいですね。総合的な学びができる教材なので，ぜひつくってみてください。

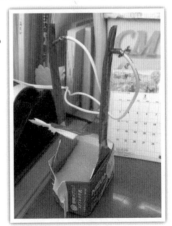

化学分野

全学年

41 化学の授業を盛り上げる！
化学の語呂合わせ集

準備にかかる時間 ▶ 0分　　難易度 ★☆☆

「水兵リーベ」だけじゃない！　化学を盛り上げる語呂合わせ

　化学分野で使える語呂合わせ集です。語呂合わせは，授業を楽しく盛り上げるスパイスです。生徒と一緒に新しい語呂合わせを考えても面白いですよ。

炭酸水素ナトリウムの分解の化学反応式の覚え方

　　2人のなほこさんを1人のなつこさん　にするにはコツ　が　ひつおー

　　（$2NaHCO_3$ → 　　　　Na_2CO_3　　　$+$　　　CO_2 $+$ H_2O）

　　※「ひつおー」⇒（必要）

水の電気分解の覚え方

　　1　2　3　　4　　セー　フ（いちにさんしせーふ）

　　1：2＝酸素：水素⇒正極　負極

　　※1：2の割合で酸素が正極に繋がる陽極，水素が負極に繋がる陰極に発
　　　生する

ＢＴＢ溶液の覚え方

　黄色さん　緑の中に　青あるかい？

　（黄色酸性　緑　中性　青アルカリ性）

電池の電極に使われる金属の覚え方（イオン化傾向）

　　　　　曲がる　亜鉛　鉄道　　ギュイーン

　（陰極）Mg Al　Zn　　Fe Cu　Ag　（陽極）

　　※ギュイーン⇒銀

原子記号の覚え方

C	短足（炭素 C）	O	酸素すおー	Au	金は英雄の証
Cl	遠足ルンルン（塩素 Cl）	Fe	鉄の笛	Cu	親友同士

1年／植物の体の共通点と相違点

42 花や葉のつくりは触って学ぶ！
実物直貼りでノートづくり

| 準備にかかる時間 ▶ 60分 | 難易度 ★☆☆ |

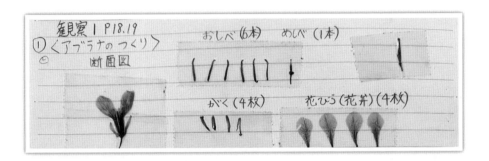

アブラナとタンポポを貼らせて，離弁花と合弁花を学ばせる

　中学に入り心機一転，頑張ろうとしている生徒の多くが初めて理科の授業で学ぶのが植物です。理科の専門家として楽しく学びのある授業を行いたいです。そんな植物の授業でおすすめなのが，実物の花や葉をノートに貼らせるという方法です。ICT機器などで花や葉を大きく拡大させて見せるのは確かに効果的ですが，実物にはかないません。見るだけでなく，実際に触ることが，本物の学びに繋がります。アブラナの花，タンポポの花，ツツジの花，網状脈の葉，平行脈の葉などは，実物を生徒に配りたいです。ルーペを配付して，全員で観察させた後，アブラナの花は，めしべ，おしべ，花びら，がくの分解したものと，横から見た断面図の2種類を貼らせます。見比べることで，花の構造を理解することができます。カッターを使うと綺麗に切ることができます。また，後日にアブラナの果実と種子を横に貼らせるとさらに理解が深まります。タンポポは1本でクラス全員に花を配ることができるのでお手軽です。書画カメラを使うと全体で確認しながら授業を進めることができます。

1年／植物の体の共通点と相違点

43 花のつくりをじっくり知る！
造花を使った学びの深め方

準備にかかる時間 ▶ 30分　　　難易度 ★☆☆

造花の構造的な間違いを考えさせる

　前述した通り，植物の単元では可能な限り実物を用意します。教科書にも写真が載っていますが，実物を見せるのが一番です。しかし，いつも本物を用意できるわけではありません。特に都会では身近に思うような植物がない場合も多いと思います。そんなときに役立つのが100均の造花です。アブラナ，ユリ，ササ，バラ，サクラ，アヤメ，など様々な種類の造花が売られています。100均の造花は，春にアブラナやサクラ，正月にはマツといったように季節によって置いてあるものが違うので，1年間かけて授業で使える造花を揃えていく必要があります。造花のいいところは，つくりが荒く構造的に間違っている場合でも，「この造花をもっと本物に近づけるにはどうすればいい？」とか「この造花で間違っている部分はどこ？」などと発問できるところです。本物が用意できないときは，造花などのモデルを使うことで学びの質を高めることができます。

1年／植物の体の共通点と相違点　　ICT

44 書画カメラの拡大機能をフル活用！
植物当てクイズ

準備にかかる時間 ▶ 5分　　　難易度　★☆☆

部分→全体の順で見せることでできる深い学び

　植物の分類を学習する際に行いたいのが，書画カメラの拡大機能を使った植物クイズです。書画カメラの倍率を最大まで高くして，様々な種類の植物の部位を見せて種類を答えさせます（前列の生徒に植物が見えないように注意してください）。最初は植物の茎だけを見せます。ここでは，誰も植物の正体はわかりません。次に葉を観察させます。網状脈か平行脈かを観察させることで，植物の種類をしぼることができます。コケ，シダ，裸子植物，被子植物（単子葉類，双子葉類，合弁花類，離弁花類）など，できるだけたくさんの植物を用意してください。この方法は書画カメラではなく，画像を使って行うこともできます。このように，知識を活用しなければ解けない問題を用意することで，生徒の学びを深めることができます。

1年／植物の体の共通点と相違点　　　ICT

45　超高機能の植物図鑑が手軽に使える！
千葉県立中央博物館「野草・雑草検索図鑑」

準備にかかる時間▶5分　　　難易度　★☆☆

13の項目で調べたい植物の情報を検索

　植物の単元でぜひ使っていただきたいのが千葉県立中央博物館の野草・雑草検索図鑑です。この図鑑は，花の咲く季節や葉のつき方，葉の形など13の項目を設定することで，調べたい植物の情報を調べることができます。

　見つけた植物を調べるのにうってつけです。パソコンだけでなく，タブレットやスマートフォンでも使えるので，班に１つタブレットを用意できる学校は，校内の植物探しなどに使うことができます。タブレットが複数ない場合は，教師用パソコンを大型テレビやプロジェクターに表示させて，生徒が集めてきた植物を教室で１つ１つ教師が図鑑を使って調べていくのもよりよい学びに繋がりそうです。右上の画像は，季節を「春」，地上高を「０～５cm」で検索したものです。博物館の図鑑ということで，種類も豊富です。

立体感のある美しい植物の写真

　この図鑑の写真は本当に美しいです。前ページ右の写真は，図鑑に載っているカタバミの画像です。立体感があってとても綺麗です。Ａ４サイズで見てみるとその美しさが際立ちます。また，植物の写真も「春の姿」，「夏の姿」のように春，初夏，夏，秋，冬で別々の写真が用意されています。植物は，季節によって見た目の様子が大きく異なるため，現在の様子がわかるのは非常にありがたいです。植物の特徴も箇条書きでとてもわかりやすいです。授業や自由研究など教育目的で使う場合には許可が不要のため，理科の先生にとって最高の図鑑です。

授業で使える野草カード

　この図鑑を使って「野草カード」という授業で使える教材をつくることができます。野草カードには「おもて」と「うら」があり，「おもて」には植物の実物大の写真があり，採集した草と比較することができます。「うら」には，植物の説明が書かれています。

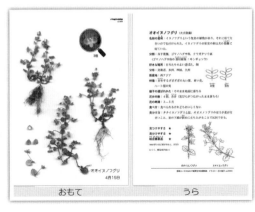

また，種類ごとに見つけやすさ，見分けやすさ，総合難易度が★の数で示されているので，班ごとに植物採集をして数を競わせても楽しいと思います。ホームページには，「野草の名前当て」「野草ビンゴ」「校内野草分布図」などの授業例も示されており，ワークシートをダウンロードすることもできます。ぜひ授業で活用してみてください。

※千葉県立中央博物館「野草・雑草検索図鑑」www.chiba-muse.jp/yasou2010/

1年／植物の体の共通点と相違点　　　　　　　　　　　　　**ICT**

46 植物の名前がすぐわかる！ アプリ「Google レンズ」

準備にかかる時間 ▶ 5分　　　　難易度　★☆☆

「Google レンズ」で誰もが植物博士に

　「Google レンズ」は，Google が提供するサービスで，スマホに保存された写真をＡＩ（人工知能）が分析することで，被写体に関するさまざまな情報を提示することができる機能です。Android だけでなく，iPhone でも使えます。Google レンズを最も活かせるのが１年生の「春をさがしに」の単元です。生徒が，「これ何っていう花？」と持ってきた花。植物を専門に学んできていない先生にとっては答えるのも一苦労です。Google レンズを起動して花を撮影すると，ＡＩが自動的に被写体を見つけて画面にドットを表示します。ドットをタップすると，花の種類や関連した情報がＷｅｂ上で検索され，すぐに表示されるのです。Google レンズのすごいところは植物の葉の写真だけでも情報を検索することができるところです。学校にAndroid タブレットがあれば，タブレットを渡して班ごとに植物調べをすることもできます。

※ Google レンズ (https://lens.google.com/intl/ja/)

2年／生命を維持する働き，刺激と反応　ICT

47 教室で手軽に人体を学べる！
ポップアップ人体図鑑

準備にかかる時間 ▶ 5分　　難易度 ★☆☆

教室に簡単に持ち運べる飛び出す絵本タイプの人体模型

　ヒトのからだの構造を学ばせるのに欠かせない人体模型ですが，毎時間教室に持っていくのは重くて大変です。そんなときに便利なのが，飛び出す絵本形式の『等身大ポスターがとびだす！　ポップアップ人体図鑑』（リチャード・ウォーカー著，坂井建雄監修，ポプラ社）です。この本を人体模型の臓器などと合わせて使えば，人体の授業を教室で楽しく進めることができます。

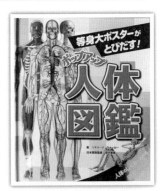

アプリで人体の構造を学ぶ

　感覚器官や臓器の授業で使っていただきたいのが，人体の構造を学べるアプリです。「ヒューマン・アナトミー・アトラス」（Argosy Publishing）は，人体の構造を3Dモデルで学ぶことができます。神経系，呼吸器系，消化器系など領域ごとに分かれているので，授業でも活用しやすいです。有料にはなりますが，お金を払う価値のあるアプリです。無料アプリなら，「Human body」（Mozaik Education）や「Anatomy Learning」（AnatomyLearning LLC）も使いやすいです。自分に合ったアプリを見つけて授業を盛り上げてください。

※「Human Anatomy Atlas」https://www.visiblebody.com/anatomy-and-physiology-apps/human-anatomy-atlas

　Mozaik Education「Human body」https://www.mozaweb.com/Extra-3D_scenes-Human_body_male-4022

　AnatomyLearning LLC「Anatomy Learning」anatomylearning.com/

2年／生命を維持する働き

48 臓器も本物を用意する！？
「モツ」で学ぶ臓器の仕組み

準備にかかる時間 ▶ 5分　　難易度 ★★☆

臓器はモツで学ぶと面白い

　実物を見せると授業にハリが生まれます。人体の単元も，他の単元と同じように実物を観察させる場面をつくりたいです。目や耳などの感覚器官は，隣同士で観察させると面白いです。普段，人の目をまじまじと見ることはないので新たな発見をすることができます。また，準備は少し大変ですが，臓器の単元でモツを持って行くと生徒の目が輝きます。モツの部位当てクイズをすると盛り上がります。さらに，「肝臓（レバー）はなぜ色が赤黒いの？」「胃（ミノ）がゴムみたいなのはなぜ？」「腸（マルチョウ）の内側のヒダは何のためにあるの？」など，**理由を考えさせることで学びを深めることができます**。「肝臓が赤黒いのは血管が張り巡らされているため」，「胃に弾力があるのは食べたものをためるとき伸び縮みするため」，「腸のヒダは栄養を効率よく吸収するため」です。実物が無理なら画像でもかまいません。実生活と結びつけて学ばせることで学びを深めることができます。

生物分野

2年／生命を維持する働き，刺激と反応

49 魚からヒトの構造を考えさせる！
カタクチイワシの解剖

準備にかかる時間 ▶ 60分　　難易度 ★★☆

ニボシの解剖からヒトの構造を考える

　中学校の解剖でポピュラーになってきたカタクチイワシの解剖。カタクチイワシを使うことで生徒全員を解剖に参加させることができます。カタクチイワシの解剖は，**「同じ脊椎動物であるヒトとの共通点を探す」というテーマで進めるとより学びを深めることができます。**この解剖は，ニボシをお湯で戻して使うのが一般的ですが，乾燥した状態で解剖することもできます。下に解剖の手順を示します。

カタクチイワシの解剖の手順

❶背骨，大動脈，脊髄

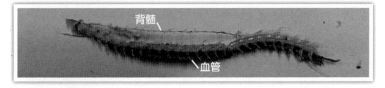

　はじめに脊椎動物の特徴である背骨を観察させます。人差し指と親指で頭骨の後ろをつまむと綺麗に背肉をとることができます。腹部の片側だけを開くと内臓が現れます。内臓が腹側にあることを確認します。このとき，エビの内臓はどこにあるかを考えさせ「背ワタ」という言葉から，脊椎動物は腹

側に内臓があり，節足動物は背中側に内臓があることを伝え，違いを考えさせます。次に，背骨の腹側にある黒い紐のようなものを観察させます。身体中に血液を送り出す大動脈です。血管は黒っぽく見えることを確認します。続いて，脊椎の中にある脊髄を観察させます。神経の束が細い糸のように観察できます。背骨の背側に針（つまようじ）を刺しこむと綺麗に取ることができます。

❷腸，胃

次に内臓の観察です。まずは，内臓の末端である肛門から観察させます。小腸が折りたたまれてあることに着目させ，表面積を広げていることに気づかせます。ここで大腸はどこか発問します。実はカ

タクチイワシには大腸がありません。陸上の生物と違って水分を再吸収する必要がないからです。大腸のはたらきを学べます。また，腸が黒く見える理由も考えさせたいです。大動脈の色の話から小腸に血管が集まっていることを見出し，栄養分を血液によって届けることに気づかせたいです。腸を取り除くと，オレンジ色をした胃が出てきます。きちんと袋の構造をしています。お湯で柔らかく戻して胃の内容物を顕微鏡で見ると，カタクチイワシが食べている微生物を観察することができます。

❸えら，さいは

次に頭部の観察です。頭部の片側のえらを取り除きます。口の中を観察すると，食べ物と水を分別するさいはが観察できます。口が開くとさいはも開きます。続いてエラの観察です。タワシのような茶

色いのがえらです。茶色いのは毛細血管が密集しているからです。酸素をどのように送るのかを考えさせることで，なぜ血管に覆われている必要があるのかを考えさせることができます。

❹心臓

次に心臓です。心臓はエラのすぐ後ろにあります（頭部ではなく，体側にくっついていることもあります）。酸素を血液にのせて全身に送るためにここに位置しています。人間の肺と心臓の位置関係と同じです。心臓は太い血管ともいえるので色は真っ黒です。魚類なので一心房一心室になります。

❺脳

つづいて脳の観察です。脳は頭部にあり脊髄に繋がっています。硬い骨で守られており，爪で強めに押し込むと頭骨が割れてオレンジ色の脳が現れます。中脳，小脳，延髄とひょうたんのような形になっているのがわかります。大脳はあまり発達していません。神経系はオレンジ色をしています。

❻感覚器官

感覚器官の観察です。最初に鼻の穴（鼻腔）を観察させます。頭の先をルーペで観察すると小さな鼻腔が観察できます。次に目を観察させます。白いボール状の眼球を裏側から観察すると黒い幕のようなものがあります。これは網膜の裏側で，光が通り抜けるのを防ぐ役割をしているそうです。魚は目が頭の両側にあるので，強い光が右目からはいると左目の裏側から抜けてしまうそうです。目の裏側を観察すると確認できるオレンジ色の紐状のものが視神経です。視神経は脳に繋がっています。

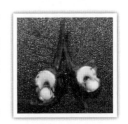

カタクチイワシの解剖から学べること

解剖は，手順を少し工夫するだけで，学びをより深めることができます。解剖がただ，「楽しかった」で終わらないように学びのある解剖にしてもらいたいです。

2年／生命を維持する働き

50 心臓のつくりを実物から学べる！
鳥の心臓の解剖

準備にかかる時間 ▶60分　　　難易度 ★★★

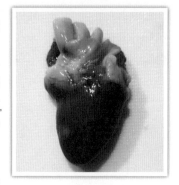

鳥ハツで心臓を学ぶ

　心臓の授業で使っていただきたいのが，鳥ハツ（鶏の心臓）です。スーパーや精肉店で200円程度で売られています。演示でもいいですが，可能であれば生徒にも心臓の解剖をさせてあげたいです。

鳥の心臓の解剖

　まず，横に切って断面を見せます。左心室と右心室の場所を確認し，筋肉の幅が大きく違うことに気づかせます。次に動脈の観察です。心臓の上部にある白い脂肪を取り除くと動脈を観察することができます。マカロニのように見える太い血管が大動脈です。同じ色ですが，やわらかいのが肺動脈。同じ動脈でも血管の厚さが大きく異なることがわかります。血管を傷つけないようにして，心臓を縦に切ります。きれいに切ると心房と心室を観察することができます。左心室から斜め上につまようじを差し込むと大動脈に繋がっていることを確認できます。同様に右心室から斜め上につまようじを差し込むと肺動脈に繋がっていることを確認できます。

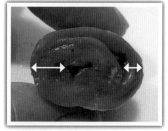

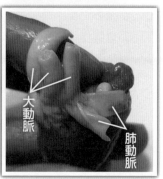

大動脈

肺動脈

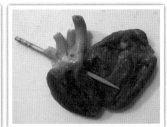

インパクトがある豚の心臓

　さらにインパクトを求めるなら豚ハツ（豚の心臓）です。200円程度で買うことができます。手で持って「これが心臓です」と言うだけで，教室が歓声（悲鳴？）に包まれます。大きいので，心房と心室の違いもわかりやすいです。心臓の断面図もとてもきれいに観察することができます。鶏や豚の心臓の解剖と合わせて，p.79で紹介した３Ｄアプリを使うことで，心臓のつくりについて深く学ぶことができます。実物とＩＣＴをうまく融合させて授業をしてみてください。

100均の灯油用ポンプで心臓のはたらきを学ぶ

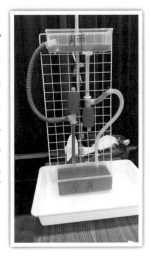

　血液の循環を理解させるためには，モデルを使うのも効果的です。右の写真は，灯油用の簡易ポンプでつくった循環器のモデルです。全身と肺に心臓を通して血液が循環していく様子を観察することができます。大動脈，大静脈，肺動脈，肺静脈の違いを視覚的に理解させることができます。ポンプの部分を拡大すると，心室と心房についても学ぶことができます。静脈血が通る血管を青くすることで，血液中の酸素濃度についても学ぶことができます。

2年／生命を維持する働き，刺激と反応

51 クラス全員が参加できる！ アサリの解剖実験

準備にかかる時間 ▶ 30分 　 難易度 ★★☆

アサリの水煮を使ってクラス全員で解剖を行う

　軟体動物の解剖実験は，イカが一般的です。たしかにイカの解剖は大きくてわかりやすいのですが，班で実験を行うとどうしても理科の得意な生徒や活発な生徒ばかりが解剖を進めてしまいます。アサリならクラス全員に
配付できるので，全員参加で解剖実験をすることができます。ここでは「アサリの水煮」を使った解剖を紹介します。メスの代わりに，2本のつまようじを使います。下に私がアサリの解剖を行うときの手順を示します。

アサリの解剖の手順

　まずは，外観の観察です。アサリは本来貝殻（外骨格）をもつことを伝える必要があります。

❶外とう膜をはがす

　外とう膜を取り外すと足が見えます。足をつまようじの腹で押し込むと弾力があることから，足が筋肉でできていることがわかります。

❷えらを取り外す

　えらを取り外します。ヒダ状になっている理由や，他の部分と色が異なる理由を考えさせたいです。脊椎動物の肺の構造と繋げ，ヒダ状になっている理由が表面積を広げるためであること，他の部位と色が異なっているのは血液が集まっているためであることに気づかせたいです。

❸前閉殻筋，後閉殻筋を取り外す

　いわゆる貝柱です。前閉殻筋，後閉殻筋は二枚貝にとって生命線です。人が手で開けようとしても簡単には開きません。筋力の大きさがわかります。

❹唇弁（しんべん），口の観察

　唇弁は，足先の上に２本あります。食物を選別するために使われます。唇弁の根本に口があります。

❺肛門の観察

　口から入った食物は消化管を通って，出水管の根本につながっています。肛門がろうとの近くにあるイカと同じ構造になっていることがわかります。

❻入水管と出水管の観察

　入水管と出水管では，入水管（足側）の方が大きいです。「目」と呼ぶことがありますが光を感じることはできません。つまようじをねじ込むと穴が開いていることがわかります。

❼臓器（消化管）の観察

　つまようじで膜を破いていきます。イワシのようにわかりやすい臓器は見つかりませんが，丁寧に作業すると体内に細長い消化管を発見することができます。生徒同士で，どちらが長い消化管を取り出すことができるかを勝負させると盛り上がります。アサリは小さいですが，丁寧に作業をすることで子どもでも楽しく実験を行うことができます。

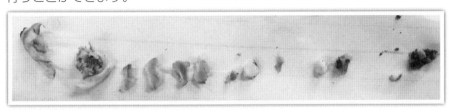

2年／刺激と反応

52 骨格の「なぜ？」が学べる！
ストローと割りばしで骨格モデル

準備にかかる時間 ▶ 30分　　難易度 ★★☆

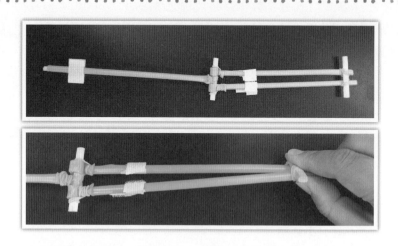

腕をひねることができる理由を骨格から考える

　上の写真は腕の動き方が学べる骨格モデルです。曲がるストローの中に割り箸を入れたものを輪ゴムでつなぎ合わせてつくります。

　人の腕は肩から肘にかけて1本の上腕骨があり，その先に2本の骨（とう骨と尺骨）があります。なぜ2本に分かれているのか生徒に考えさせます。理由は，上の写真のように腕をひねるためです。モデルを使うことで生徒に骨の動きを確認させながら学習させることができます。肘は蝶番のように曲がる方向が決まっていたり，肩の関節は丸くなっていてグルグル回せるようになっていたりと，骨格はそれぞれのはたらきに応じたつくりになっています。膝が前にも曲がったら，立つのも難しそうです。骨のつくりを考えるだけでも生徒の思考力を高めることができます。

2年／刺激と反応

53 縁日のおもちゃでできる！
立体筋肉モデル

準備にかかる時間 ▶ 60分   難易度 ★★★

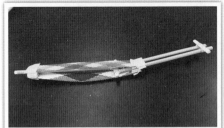
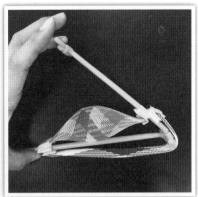

筋肉の伸び縮みについてモデルで教える

　前述した骨格モデルに，「ミラクルロケット」（株式会社甲山屋）というおもちゃを取り付けることで筋肉について学べる筋肉モデルをつくることができます。筋肉の骨格モデルは，ゴムを利用したものが多いですが，筋肉とゴムは根本的に違う部分があります。それは，筋肉は縮むのに力が必要なのに対してゴムは伸びるのに力が必要なところです。そして，これが生徒に混乱を与えます。この混乱を解消するためにつくられたのが，縁日のおもちゃ「ミラクルロケット」を利用した筋肉モデルです。このおもちゃは繊維を交差して編み込んでつくられており，左右から押すと縮み，元の形に戻ろうとする弾性エネルギーがはたらきます。筋肉と同様に力を加えると縮み，力を抜くと元の形に戻る（緩む）ため，より本物に近い筋肉モデルをつくることができます。詳しいつくり方については，筆者の運営するサイト「ふたばのブログ」をご覧ください。※ふたばのブログ（https://futabagumi.com/archives/637.html）

3年／細胞分裂と生物の成長

54 誰でも簡単に成功する！
九条ネギで細胞分裂観察実験

準備にかかる時間▶60分　　難易度 ★★★

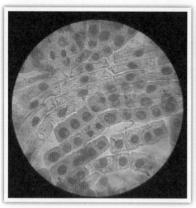

体細胞分裂実験を手間なく成功させる方法

　体細胞分裂の観察実験は教科書通りに行っても中々成功しない難しい実験です。ここでは私が色々な方法を試した結果，成功率が高くて，かつ準備が簡単な体細胞分裂の観察方法をお伝えします。

事前準備は九条ネギの種まきだけ

　この実験を成功させるための一番のポイントは，「種まき」です。九条ネギの種が最も適していました。観察実験日の2週間前から2日おきくらいの間隔で，湿らせたキッチンペーパーの上に九条ネギの種子を撒き，シャーレに入れて暗所に置いておきます。3，4日で発根します。経験上，1cm程度の長さの根が適しているように感じますが，気温や湿度，種子の性質など様々な影響を受けるので一概には言えません。様々なパターンを用意しておき，予備実験で確かめてください。

1回目の染色→根の切断

この観察実験では，根を２回
染色します。まずは，根の細胞
を酢酸オルセインと５％の塩酸
で処理します。おおよそ，酢酸
オルセイン：塩酸＝９：１の割
合でシャーレに入れます。酢酸
オルセインと塩酸の混合液に根
を10〜15分程浸します（右図）。
この処理をすることで根を塩酸
で柔らかくして，染色させるこ

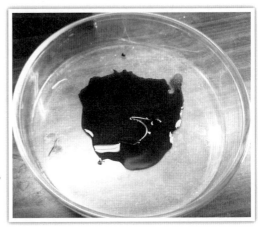

とができます。授業で実験を行うときは，あらかじめこの混合液にたくさん
の根を浸しておきます。ここまでの作業を教師側でやっておくと観察の時間
を多く取ることができます。染色した根をピンセットで取り出し，水でゆす
ぎます。すると根の先だけが赤く染まります。次に根の先端を切ります。根
の先端５mm程（長すぎるとどちらか先端かわからなくなります）をカッ
ター等で切ります。

2回目の染色

ここから２回目の染色作業になります。スライドガラスに切り取った根を
のせ，酢酸オルセインを１滴加えて染色します。５分程で染色できます。根
にカバーガラスをかけて，爪楊枝のうしろなどでトントンと叩いて根を軽く
つぶしてから，親指でグーっと押して細胞を薄く広げたらプレパラートの完
成です（ろ紙で挟んで余分な染色液を取り除いてください）。

準備するものは，「九条ネギの種」，「酢酸オルセイン」，「５％塩酸」のみ，
あとはどの学校にもある顕微鏡やスライドガラスがあればできます。誰でも
簡単に成功できるのでぜひやってみてください。

3年／細胞分裂と生物の成長

55 誰でも簡単に成功する！
ホウセンカの花粉管伸長観察実験

準備にかかる時間 ▶ 60分　　　難易度 ★★★

花粉管の伸長観察実験を成功させる方法

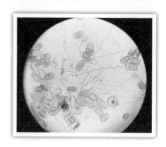

　体細胞分裂と並び，難易度が高い花粉管の伸長観察実験ですが，この実験を成功させるにはいくつかポイントがあります。1つ目のポイントは花粉の精選です。ホウセンカは開花直後や開花直前の花の方が花粉の発芽率がよいため，実験前日に咲いている花をすべて取り除いておき，**実験当日に咲いている（もしくは咲きかけている）花の花粉だけを実験に使用する**ことで発芽率を大きく上げることができます（園芸種は花粉をつけない品種もあるため注意が必要です。必ず予備実験をしてください）。2つ目のポイントは**寒天培地を使い，湿度を維持する**ことです。花粉管の発芽には酸素と水分が必要です。少し手間ですが，寒天培地を準備することで実験の成功率は格段に上がります。

実験方法

　ショ糖10g，寒天1gをビーカーに入れ水を加えて100mlにします。透明になるまで加熱し，湯せんして状態を維持しておきます。それをスライドガラスに薄く広げてから，別につくっておいた10%のショ糖溶液を上から垂らして，寒天培地をつくります。寒天培地にホウセンカの花粉をまきます。乾燥を防ぐため，シャーレの底に湿らせたろ紙をひいておき，その上にスライドガラスを入れて花粉管が伸びるのを待ちます。ホウセンカの場合，数分で花粉管の伸長を観察することができます。

3年／自然界のつり合い

56 遊びながら生態系を学べる！
食物連鎖カードゲーム

準備にかかる時間 ▶ 30分　　難易度 ★★☆

ピラミッドの
何段目？

天敵

ポイント

エサ

カードゲームで食物連鎖を学ぶ

アーテックから販売されている「食物連鎖カードゲーム」は，陸上と水中の生物における生態系について学べるカードゲームです。生物を食物連鎖の関係をもとに一直線に繋げていく食物連鎖ゲームと，ピラミッド型の生態系をつくるピラミッドゲームの2種類のゲームを楽しむことができます。動物，植物，分解者など様々なカードを食物連鎖の関係で繋げていき，ポイントを競います。動植物のカードだけでなく，森林伐採，都市化，外来種，酸性雨，砂漠化，ウイルスなど他のプレイヤーを妨害するカードもあり，食物連鎖だけでなく，環境破壊によって生態系が乱れることもゲームを通して学ぶことができます。遊びながら自然に食物連鎖や生態系について学べる素晴らしい教材です。また，書画カメラなどを使って生態系の関係を説明するのにも使えます。ゲームの要素を取り入れ，授業を盛り上げましょう。

※株式会社アーテック（https://www.artec-kk.co.jp/）

生物分野

ICT

57 仮想世界で生態系を学べる！
フリーソフト「食物連鎖シミュレーション」

> 準備にかかる時間 ▶ 30分　　　難易度 ★★☆

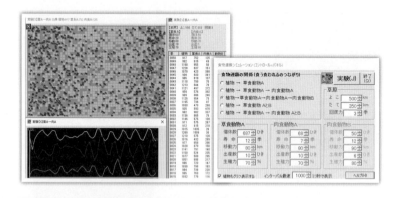

仮想空間で生物の数をシミュレート

　「食物連鎖シミュレーション」は，中学３年生の「自然と人間」の単元で活用できる食物連鎖における生物数のつり合いを学習できるフリーソフトです。仮想世界に生息する生物の種類と，その捕食・被食の関係を４種類から選択したうえで，各生物の特性を数値で指定すると，単位時間ごとに各生物の個体数の変化をシミュレートしてくれます。仮想世界には，植物の草原と１種類の草食動物を基盤に，２種類の肉食動物やもう１種類の草食動物を生息させることができます。草原は面積と成長速度を，各動物は初期個体数や寿命，移動能力，生殖能力を数値で指定でき，肉食動物には捕獲能力も指定できます。シミュレート中は，ゲーム風の画面で仮想世界を描くと同時に，各生物の個体数が折れ線グラフで表示されます。仮想空間とはいえ，生物数を維持するのはとても難しく，少し数値に問題があるだけで絶滅してしまいます。生態系の複雑さを実感できるフリーソフトです。

※食物連鎖シミュレーション（突ちゃんのHomeRoom）http://www.eonet.ne.jp/~yo2kuda/siryo.html

3年／自然界のつり合い

58 リアルな生と死を通して分解者を学ぶ！
絵本『死を食べる』

> 準備にかかる時間 ▶ 10分　　難易度 ★☆☆

生態系と分解者について学べる本『死を食べる』

『死を食べる』（偕成社）は、「自然と人間」をテーマに撮影をされている宮崎学さんの写真集です。自然界において生物は死んだらどうなるのかを分解者のはたらきとともに伝えることができます。

この本には、道路で車に轢かれたキツネを地面に放置し、1時間ごとに撮影した写真とその解説が書かれています。

はじめに、キツネに寄生していたダニが逃げ出し、ハエがたかり、その後孵化したウジを動物が食べにきます。ある生物の死が他の生物の命を支えていることを学ぶことができます。生態系についてだけでなく、生と死についても考えさせられるとてもよい本です。

授業で本を使う場合は、書画カメラで全体に見せると効果的です。刺激が強いため、無理して見る必要はないことを生徒に伝えてから使ってください。

全学年

59 安くてリアル！ 生徒が食いつく科学ガチャ

| 準備にかかる時間 ▶ 30分 | 難易度 ★★☆ |

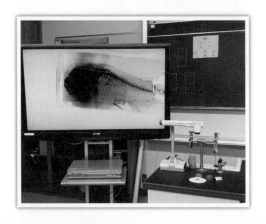

科学ガチャが授業で大活躍

　最近，マニアックで完成度の高いカプセルトイをよく見ます。そんなカプセルトイの中には，理科の授業で使えるものがたくさんあります。透明標本もガチャになっています。毎年多くのカプセルトイが発売されていますが，注目したいのが株式会社いきもんのサイエンステクニカラーです。サイエンステクニカラーは，科学，物理，生物学などあらゆる理系分野をテーマとしたカプセルトイのシリーズです。星座や化石，人体，微生物まで様々なカプセルトイを発売しています。カプセルトイは，１つ数百円という価格で買えるので，各班に一組ずつ用意することもできます。書画カメラで見せたり，クラスに回して見せたりすることで授業にハリが生まれます。買い物などに行った際は，カプセルトイのコーナーを定期的にチェックして，授業で使えそうなものを見つけてみてください。領収書が出ないので自己負担になるのが問題点です（笑）。

全学年

60 生物の授業でいつでも大活躍！
SOIL-SHOP 生物教材製作所ペーパークラフト

準備にかかる時間 ▶ 20分　　　難易度 ★★☆

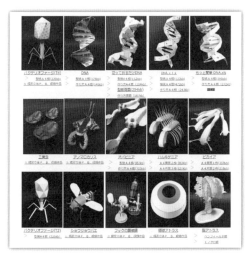

生物ペーパークラフトで構造やはたらきを学ぶ

　授業で使えるペーパークラフトを語る上で外せないのが「SOIL-SHOP 生物教材製作所」(http://soilshop.webcrow.jp/) です。このサイトは，高校で理科の教員をされている土屋英夫さんが運営されているホームページです。ＤＮＡや眼球の構造，フックの顕微鏡など，生物分野のペーパークラフトが掲載されています。動きによってＡＴＰや電池の仕組みがわかるくるくるシリーズや細胞の内部構造が理解できる飛び出すシリーズなどは理科の先生がつくっても楽しめます。ペーパークラフトだけでなく，模型，骨格標本，実験など幅広い情報が掲載されています。SOIL-SHOP 生物教材製作所のペーパークラフトをまとめた書籍『精密立体ペーパーバイオロジー』（土屋英夫著，飛鳥新社）もあります（現在は品切れ中）。授業にうまく取り入れてみてください。

全学年

61 生物の授業を盛り上げる！
生物の語呂合わせ集

準備にかかる時間 ▶ 0分　　難易度 ★☆☆

語呂合わせを使えばいつもの授業が楽しく盛り上がる

　語呂合わせを使うことで授業は大きく盛り上がります。語呂合わせを板書するときに，語尾に♡をつけたり，裏声を使ったりすることで生徒は喜びます。恥ずかしいと思うかもしれませんが，授業を盛り上げるための1つの演出として頑張ってみてはどうでしょうか。

生物の単元を盛り上げる語呂合わせ

維管束の覚え方

　いかん，即うちは水道管にしよう

　　維管束　　内側水道管

裸子植物の覚え方

　松　　井，超　　ソテツ　好き　らしいよ

　マツ　イチョウ　ソテツ　スギ　裸子植物

単子葉類の覚え方

　チュ〜♡　　　さ　　こ　　　つ(鎖骨)いーね　鈴木　　ユリ　　たん

　チューリップ　ササ　コーン　ツユクサ　イネ　ススキ　ユリ　単子葉類

合弁花類の覚え方

　朝　　　来　　た　　　　ひつじ

　アサガオ　キク　タンポポ　ツツジ

消化液の覚え方

　ダ　ス　チ　足　す　イ　ス　チ　で　　　　し　　　た

　唾液,膵液,腸液 胆汁, 膵液　胃液, 膵液,腸液（デンプン　 脂質　 タンパク）

1年／火山活動と火成岩

62 鉱物を手軽に観察できる！
鹿沼土の観察実験

| 準備にかかる時間 ▶ 20分 | 難易度 ★★☆ |

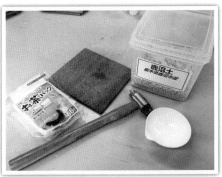

鹿沼土で鉱物の観察

　園芸用の鹿沼土で火山灰を観察する方法です。鹿沼土は赤城山の火山灰が栃木県鹿沼地方に降り積もったものです。火山噴出物からなり，火山ガラス，磁鉄鉱，長石，黒雲母，輝石，カンラン石などが含まれています。

実験方法

　準備物は鹿沼土，お茶パック，ゴムハンマー，木板，蒸発皿です。お茶用パックを二重に重ね，鹿沼土を半分程度入れます。「水道水ですすぐ⇔ハンマーで何度もたたく」の作業を泥が出なくなるまで繰り返します。泥が出なくなったら，ホットプレートなどで熱して水分をとばして完成です。ネオジム磁石を近づけると砂鉄や磁鉄鉱などを分離することができます。残った土を観察すると白く細長い火山ガラスや黒雲母などの鉱物を観察することができます。この実験は赤玉土でも行うことができます。鹿沼土も赤玉土も100均の園芸コーナーに売られています。地学はできる実験が少ないので，ぜひ取り入れてみてください。

1年／火山活動と火成岩　　　　　　　　　　　　　ICT

63 等粒状組織と斑状組織を全員で観察できる！
岐阜聖徳学園大学「デジタル偏光顕微鏡」

準備にかかる時間 ▶ 5分　　　難易度 ★☆☆

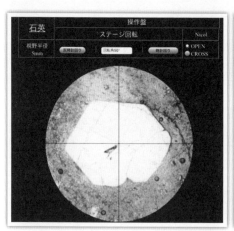

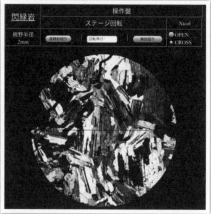

岐阜聖徳学園大学のデジタル偏光顕微鏡

　火成岩の単元では等粒状組織と斑状組織について学びますが，偏光顕微鏡が班の数揃っていない，あるいは時間が足りないなどの理由から実際に岩石の様子を観察させている先生は少ないと思います。岐阜聖徳学園大学のデジタル偏光顕微鏡を使えば，プロジェクターなどでクラス全体に偏光顕微鏡で見た岩石や鉱物の様子を見せることができます。使い方も簡単です。岐阜聖徳学園大学のデジタル偏光顕微鏡のサイトにアクセスし，鉱物と岩石の2種類から観察物を選択するだけ。画面右上の「Nicol」の「CROSS」にチェックを入れると偏光レンズ越しの鉱物を観察できます。ぜひ，偏光顕微鏡で見た岩石の美しさを授業で生徒に見せてあげてください。

※岐阜聖徳学園大学「デジタル偏光顕微鏡」

http://www.ha.shotoku.ac.jp/~kawa/KYO/CHISITSU/dezital_henkoh/index.html

1年／火山活動と火成岩　　　　　　　　　　　　　　**ICT**

64　日本中の地形図を見られる！
フリーソフト「カシミール３Ｄ」

| 準備にかかる時間 ▶ 30分 | 難易度　★★☆ |

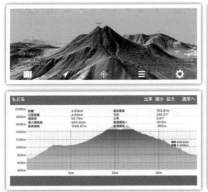

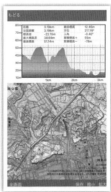

カシミール３Ｄで地形図を学ぶ

　カシミール３Ｄは，誰もが無料で使うことができる地図ソフトです。国土地理院の無料地図サービス（地理院地図）の地図を利用した地形図，山脈などの断面図を見ることができ，３Ｄ表示にも対応しています。カシミールを使えば，火山の形や等高線，浸食・運搬・堆積，プレート運動による山脈のでき方など，地学に関わる様々なことを視覚的に理解させることができます。身近な山脈などを教材として扱うことで興味関心も高まるはずです。カシミール３Ｄには他にも，紙地図をスキャンして取り込みオリジナルの３Ｄ地図を作成する機能や，日時を指定することで太陽や月の位置を計算する機能もあります。無料版と有料版で機能が異なりますので詳しくはホームページで確認してください。カシミール３Ｄは，Android，iOS のスマホアプリにもなっています。うまく活用して授業を盛り上げてみてください。

※「カシミール３Ｄ」http://www.kashmir3d.com/

1年／火山活動と火成岩　　　ICT

65 リアルタイムの火山の様子がわかる！
気象庁ライブカメラ

準備にかかる時間▶5分　　　難易度 ★☆☆

出典：気象庁ホームページ「監視カメラ画像」（http://www.jma.go.jp/jma/index.html）

ライブカメラでリアルタイムの火山の様子を見せる

　気象庁のホームページでは，日本中の火山の監視カメラによる映像をリアルタイムで見ることができます。「ホーム→各種データ・資料→監視カメラ画像」と進めると一覧で確認できます。有珠山，浅間山，富士山，雲仙岳，桜島など授業で出てくる火山のリアルタイムの様子を観察することができます。現在の火山の映像を授業に取り入れることで，生徒に火山活動や災害をより身近に感じさせることができます。また，気象庁のホームページでは，気象観測データはもちろん，オゾン層や二酸化炭素分布情報などの環境に関するデータを見ることもできます。また，全国の震源リストでは，気象庁が把握する地震情報が毎日掲載されます。生徒は，毎日これほどたくさんの地震が起こっていることに驚くはずです。過去の地震津波災害の情報を使えば，防災についても学ぶことができます。うまく活用してみてください。

1年／地震の伝わり方と地球内部の働き **ICT**

66 地震の学習の幅が広がる！
「地震本部」ホームページ＆「地震計」アプリ

準備にかかる時間▶5分　　難易度 ★☆☆

出典：地震防災研究推進本部ホームページ（https://www.jishin.go.jp/　地震調査研究推進本部）

地震の授業で使えるホームページ「地震本部」

　「地震本部」は，阪神・淡路大震災の経験を活かし，地震に関する調査研究の成果を社会に伝え，政府として一元的に推進するためにつくられました。「地震本部」のホームページには，日本中の断層のデータや，地震のイラストや写真など授業に使える様々なコンテンツがあります。ぜひ授業で活用してみてください。

地震の単元で使えるアプリ

　「地震計（iSeismometer）」は，スマホやタブレットのジャイロセンサーをつかった地震計アプリです。スマホを振動させると，振動がグラフとして画面に表示されます。導入などで使うと授業が盛り上がります。類似のアプリは多数あるので，使いやすいものを探してみてください。

※「地震計（iSeismometer）」https://apps.apple.com/jp/app/地震計-iseismometer/id304190739

67 断層を実感できる！
Google Earth で見る伊豆半島石廊崎断層

準備にかかる時間 ▶ 5分　　　難易度 ★☆☆

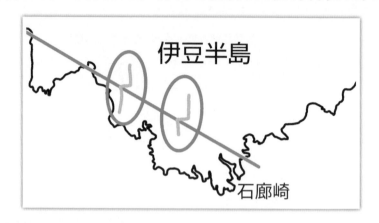

伊豆半島の石廊崎断層

　断層の学習で使いたいのが「Google Earth」（グーグルアース）で見る伊豆半島の地形図です。生徒に見せるときは日本地図から始めて，富士山のあるところはどこ？　伊豆半島はどこ？　といったように段階を踏んで場所を示します。伊豆半島の先の地形図（上の模式図参照）を写して，生徒に何か気づいたことがないか問います。気づかせたいのは上図の丸で囲んだ部分。写真で見ると地形に不自然な線が見えます。ここに大きな断層「石廊崎断層」があるのです。1974年の伊豆半島沖地震でこの断層が大きくずれました。Google Earth で確認できるほどの大きなずれが起こったことがわかります。Google Earth を地形図にすると山の起伏を見ることができます。上図の丸で囲んだ部分で山の尾根がずれているのが観測できます。地表に立ったとき，ずれている面が右側に見えるので右横ずれ断層になります。地震のエネルギーの大きさを実感できる興味深い教材です。

2年／気象要素

68 気圧を体感できる！
２階からストローでジュースを飲む実験

| 準備にかかる時間 ▶ 5分 | 難易度 ★★☆ |

ストローは吸っているのではない！？

気圧は目に見えず，実感する機会も少ないため，イメージがつかみにくい教材です。「１㎠あたり１kgも気圧がはたらいているんだよ」と言っても生徒にイメージはわきません。そんな気圧を体感させる実験に，空き缶を気圧でつぶす実験がありますが，ここでは，熱帯魚用の空気を送るチューブを使った実験をご紹介します。

１階に置いたジュースを熱帯魚用チューブをストローにして２階で飲めるかどうか実験で確かめさせます。導入で「今日はこれでジュースを飲んでもらいます」と伝えるだけで授業のつかみはバッチリです。使う飲み物はオレンジジュースなど目立つ色の方がチューブを上っていく様子が観察しやすいです。実際にやってみると，２階ではなんとか吸うことができます。ただし結構キツイ。吸ってはチューブを掴んで息継ぎ，吸ってはチューブを掴んで息継ぎの繰り返し。息継ぎのときは，チューブをしっかりと閉じなければいけません。そのためこの実験で使用するチューブは直径５mm 程度のものが望ましいです。無事ジュースを飲めたときは「ヤッター！」と思わず叫んでしまうくらい嬉しいです。無事吸えたらなぜこんなに苦労するのかを解説します。私たちの多くは，ストローで飲み物を飲むとき吸い込んでいると勘違いしています。吸い込んでいるのではなく，気圧に押してもらっているという表現が正しいです。口内の気圧より液面への気圧が小さくなるからです。気圧の面白さを感じさせることができる実験です。

2年／気象要素

69 机が軽々持ち上がる！?
ゴム板とお鍋の蓋の「気圧体感器」

準備にかかる時間 ▶ 1分　　　難易度　★☆☆

ゴム板とお鍋の蓋で気圧を学ぶ

　イメージが難しい気圧です。そんな気圧を体感させることができるのが，100均のゴム板とお鍋の蓋でつくれる「気圧体感器」です。ゴム板に，鍋蓋の取っ手部分をネジで取り付けてつくります。気圧体感器のゴム板の部分を生徒用机（机の中は空）に貼り付けます。「今，ゴム板の上には宇宙空間までの空気が乗っています。ゴム板は，机に押さえつけられているので離れません」と言ってからおもむろに机を持ち上げます。生徒は，みな驚いた顔をします。そして，「空気の力がわかったと思います。では，20cm×20cmのゴム板で一体何キロまで持ち上げることができると思いますか？」と発問します。地表（海抜0m）では1cm²あたり約1kgの気圧の力がかかっています。実験で使ったゴム板は20cm×20cmなので400cm²。つまり，理論上では400kgまで持ち上げることができるのです。目の前で気圧の大きさを見た後に，これを聞くと生徒は気圧を実感することができます。面積の異なるゴム板を用意するとさらに理解が深まります。

2年／気象要素

70 思考力が試される！
うずらの卵とペットボトルの面白実験

準備にかかる時間▶5分 　　難易度 ★★☆

ペットボトルとうずらの卵で生徒の思考力を培う

　ビーカー，ペットボトル（ホット用），うずらの卵（水煮）を使った実験です。生徒に，ペットボトルの口より大きい卵をペットボトルの中に入れる方法を考えさせます。最もシンプルな方法は，うずらの卵をペットボトルの口の部分に乗せた状態でペットボトルを押して凹ませる気圧を利用する方法です。しかし，実験はここで終わりません。追発問で，手を使わず（手でペットボトルの形を変えたり，卵に直接触れたりせず）にうずらの卵をペットボトルの中に入れる方法を考えさせます。生徒に必要なものを考えさせます。「お湯や氷があればできる」などの意見が出てくるはずです。様々な方法がありますが，一番簡単な方法は，お湯をペットボトルに入れて振る方法です。ペットボトル内の温度が上がり圧力が上がります。お湯を捨てて，すばやく卵を乗せるとペットボトル内の温度が下がって…。百聞は一見に如かず。準備も簡単なので生徒の思考力を高めるためにぜひ実験してみてください。

2年／気象要素

71 空気の温度による変化がわかる！
ペットボトルしょんべん小僧

準備にかかる時間 ▶ 5分　　　難易度 ★☆☆

お手軽実験で思考力を高める

　単元的には小学校になりますが，中学生でも結構楽しめるのが空気の膨張を使った実験です。お手軽なのは炭酸用ペットボトルを使ったものです。水を8割程度入れたペットボトルを用意します。生徒に「柄付き針で穴を空けるとどうなりますか？」と聞きます。柄付き針を刺しても抜かなければ水はこぼれません。生徒からは「ずるい！」と声が上がります。次に柄付き針を抜くとどうなるか聞きます。今度こそ水が漏れると答えますが，針を抜いても水は漏れません。キャップを開けると気圧に差がうまれ水が飛び出すことに気づかせたいです。次に，キャップを開けずに穴から水を出すためにはどうすればいいか考えさせます。沸騰したお湯をペットボトルにかけると勢いよく水が飛び出して生徒は大喜びします。同様の実験は，丸底フラスコ，ゴム栓，ガラス管，ビーカーを使ってもできます。沸騰したお湯の中に丸底フラスコを沈めると，噴水のように勢いよく水が飛び出します。

2年／霧や雲の発生

72 気象の分野をお手軽に学べる！
ペットボトルで雲＆トルネードづくり

準備にかかる時間▶10分 　　難易度 ★☆☆

雲をつくる実験はペットボトルだけでOK

　気象の単元では雲をつくる実験があります。教科書では，丸底フラスコと注射器や炭酸用キャップで気圧を変化させて雲をつくりますが，ペットボトルだけでも雲をつくる実験を行うことができます。この実験で使うのは2リットルのペットボトル（炭酸飲料用など，できるだけ柔らかいもの）だけです。ペットボトルを水で洗い，内側に水分が残っている状態でしっかりとふたをします。地面に置いて30秒程度足で踏んでから，足をどけます。急激に内部の気圧が下がることで，ペットボトル内部がくもります。ペットボトルが2つあると比較して観察させることができます。雲の学習の導入などで行えば，興味を引くことができます。

ペットボトルキャップでつくる台風モデル

　2つのペットボトルキャップを面で繋げて，真ん中に1cm程度の穴をあけます。そこにペットボトル2本を取り付けます。一方は水を入れ，一方は空にします。水の入った方を上にして回しながら水を落とすと，トルネードや台風のイメージモデルをつくることができます。穴をあけるときは，まずキリなどで穴を空け，その後ドライバーやハサミで穴を広げ，穴を滑らかにすることできれいな渦がつくれます。

3年／地球と宇宙

73 宇宙の単元で大活躍！
地球儀ビーチボール＆黄色のボール

| 準備にかかる時間 ▶20分 | 難易度 ★☆☆ |

安全で便利な100均の地球儀ビーチボール

　地球儀は天体の単元で大活躍します。でも，毎回地球儀を持っていくのは大変です。持ちにくいですし，落として壊れてしまう可能性もあります。そんな天体の授業で使えるのが100均にも売っている地球儀型ビーチボールです。これなら持ち運びも簡単ですし，壊れたりしないので安心して使えます。

黄色のボールで月（金星）の満ち欠けを学ぶ

　100均に売っている黄色いボールは，半分を黒くすることで月（金星）の満ち欠けの授業に使うことができます。マジックで黒く塗ってもいいのですが，黒いビニールテープを使うと簡単です。教卓にボールを置き，廊下側の生徒と窓側の生徒から見たボールの見え方の違いを考えさせると，観測者の位置によって月の満ち欠けの様子が異なることを理解させることができます。「月相」などの月の満ち欠けが表示されるアプリと一緒に使うとさらに理解が深まります。ボールを生徒に奪われないように注意してください（笑）。

※アプリ「月相」https://play.google.com/store/apps/details?id=com.universetoday.moon.free

3年／地球と宇宙　　　　　　　　　　　　　　　　　　ICT

74 天体の動きを自在にシミュレーションできる！
フリーソフト「Mitaka」

準備にかかる時間 ▶ 30分　　　　難易度 ★★☆

Mitaka: ©2005 加藤恒彦，国立天文台４次元デジタル宇宙プロジェクト
(https://4d2u.nao.ac.jp/html/program/mitaka/)

自在なシミュレーションで天体の授業が変わる！

　Mitaka は，国立天文台４次元デジタル宇宙プロジェクトで開発してい
る，天文学の様々な観測データや理論的モデルを見るためのソフトウェアで
す。地球から宇宙の果てまでを自由に移動して，宇宙の様々な構造や天体の
位置を見ることができます。地球上（三鷹）から夜空を見上げる着陸モード
と離陸して自由に宇宙空間を飛び回ることができる離陸モードに分かれてい
ます。

　Mitaka では，太陽や星の動きを自由な角度から見ることができるので天
体の動きを視覚的に理解することができます。拡大縮小，時間や日付，惑星
の拡大率まで変えられるなど自由度の高さが素晴らしいです。

3年／月や金星の運動と見え方　　　　　　　　　　　　　**ICT**

75 視覚的に理解できる！
「Mitaka」で日食と月食をシミュレーション

準備にかかる時間▶10分　　　難易度　★★☆

日食と月食を宇宙空間から俯瞰する

　前頁でも紹介したMitakaでは，日食や月食まで正確にシミュレーションされています。例えば，日本で日食が起きた2012年5月21日に日付を設定すると，きちんと日食が起きた時間の日本に月の影が通る

Mitaka: ©2005 加藤恒彦，国立天文台４次元デジタル宇宙プロジェクト（https://4d2u.nao.ac.jp/html/program/mitaka/）

のです。日食を教える際は，はじめに表示で惑星の拡大率を上げたうえで，日食を見せます。拡大した状態では，シミュレーター上では毎月のように日食が起こります。ここで，表示を元の拡大率に戻すことで，地球，月，太陽の宇宙空間での大きさを実感させることができます。また，宇宙空間から日食を観察させることで，日本が日食でも他の国では日食にはならないということも視覚的に理解させることができます。

　Androidや iOSのアプリにも天体の授業で使えるものがたくさんあります。ジャイロセンサーを使い，タブレットを傾けるとその方向にある星を表示させられる「star walk」や太陽や惑星の情報や内部構造を学べる「solar walk」（いずれも Vito technology）は，授業で活用しやすいです。天体はＩＣＴが大活躍する分野。うまく活用し，生徒の興味関心を高めましょう。

※ Vito technology「star walk」「solar walk」https://www.vitotechnology.com/

3年／太陽の様子

76 日射量の理解が深まる！
乾燥パスタ＆ペットボトル

> 準備にかかる時間 ▶ 5分　　　難易度 ★☆☆

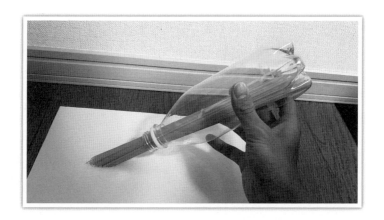

乾燥パスタで日射量を視覚的に理解させる

　3年生では，太陽の高度によって地表面への日射量が変わることを学びます。太陽の高度と単位面積あたりの日射量の関係を立体的に考える必要があるため，生徒にとってはとても難しい単元です。そんな太陽の高度と日射量を視覚的に理解できる教材を，乾燥パスタとペットボトルでつくることができます。はじめにペットボトルの口のサイズと同じ大きさの円を書きます。ペットボトルに乾燥パスタを入れて持ち上げ，90°ではすべてのパスタが円の中に入るのを確認した後に，角度をつけていきます。角度をつけた状態で紙に書いた円にどれくらいのパスタが入るか調べます。円の中に入ったパスタの量が多ければ多いほど，日射量が多いことがわかります。単位面積当たりの日射量が太陽の高度によって変化していくことを視覚的に理解させることができます。簡単な実験なので，班で配って，何本パスタが入ったか数えさせる実験をしても面白いです。

3年／日周運動と自転

77 天体の見え方が立体的にわかる！
マグネットシート＆地球儀

準備にかかる時間 ▶ 10分　　難易度 ★☆☆

マグネットシートで天体の見え方を立体的に理解する

　準備するものは地球儀とマグネットシートです。マグネットシートは切り込みを入れて地球儀に人が立っている様子を描いておきます。

　右上の写真は，地球儀の日本の位置（北半球）に人がくるようにしてマグネットシートを置いたものです。このとき，日本にいる人にとって北の空，南の空はどの位置に見えるかを考えさせます。北極側が「北」，北の反対が「南」と伝えるとわかりやすいです。南の空にオリオン座などの星座のマグネットシートを貼るとよりわかりやすいです。また，追発問として，「では，東の空，西の空はどちら側ですか？」という問題を出しても面白いです。奥や手前の三次元的な考えが必要なことがわかります。北半球での天体の見え方を確認した後，同様に南半球の人にとって，天体はどのように見えるか考えさせます。北半球で南の空にある天体が，南半球では北の空に見えることを理解させることができれば，天体の見え方はばっちりです。

3年／月や金星の運動と見え方　　　　　　　　　　　　**ICT**

78　月の満ち欠けの教具をさらにわかりやすく！
ウェブカメラで教具アレンジ

準備にかかる時間 ▶ 10分　　　　難易度　★★☆

ウェブカメラの映像をプロジェクターや大型テレビで投影

　上の写真は，月の満ち欠けを視覚的に理解させるための教具です。満ち欠けする天体を模した球を棒の先に取り付け，回転させられるようにします。中心に，パソコンで使うウェブカメラを取り付けます。中心には磁石を取り付けることで黒板などに貼り付けて使用することができます。ウェブカメラを中心に回転させることで，地球の衛星である月の満ち欠けの様子をモデルで観察することができます。立体的な位置関係の理解が必要な天体では，ウェブカメラや書画カメラをうまく利用することが，生徒にとってわかりやすい授業に繋がります。生徒の目線に立った教材研究を行い，わかりやすい授業を心がけましょう。

3年／地球と宇宙　　　　　　　　　　　　　　　　　　ICT

79 天文情報が盛りだくさん！
名古屋市科学館のホームページ

準備にかかる時間 ▶ 10分　　　　難易度　★☆☆

授業に生かせる天文情報が満載のホームページ

　名古屋市科学館のホームページには，「天文情報」というページがあり，授業で使える様々な情報が掲載されています。「現在の太陽像」では，白色像とHα像で見た太陽の様子を観察することができます。放射線の授業で使えるのが「霧箱なう」です。「霧箱なう」では，名古屋市科学館にある霧箱のライブ映像を見ることができます。他にも，ISSやひまわり8号から撮影した映像も見られます。天文データでは日食や月食の一覧が載せられているので，「Mitaka」（p.111〜112参照）に日時を入力すると日食や月食の様子を再現することができます。ペーパークラフトの紹介とリンクもあるので，科学部で活用しても面白いです。天体の情報が満載のホームページをぜひ授業で活用してみてください。

※名古屋市科学館「天文情報」http://www.ncsm.city.nagoya.jp/study/astro/

3年／地球と宇宙　　　　　　　　　　　　　　　　　　　ICT

80 NASAの貴重な画像や動画が見られる！
NASA Image and Video Library

準備にかかる時間▶5分　　　難易度　★☆☆

NASAの美しい映像で授業を彩る

　宇宙開発のトップを走るNASAは，天体について様々な写真や動画を撮影してきました。NASAのホームページの NASA Image and Video Library（https://images.nasa.gov/）は，そんなNASAの貴重な宇宙の写真，動画，音声などを一般に公開しているサイトです。最新の宇宙の研究に関するものから，歴史的なものまで様々なコンテンツがあります。

JAXAの宇宙教育教材を授業に活用する

　日本の宇宙事業の中心を担うJAXAも負けていません。JAXAの宇宙教育教材（http://edu.jaxa.jp/materialDB/）では，授業で使える様々な動画や PDF 教材を見ることができます。天体の授業で使える月の満ち欠けや金星の満ち欠けの教材もあります。分野や学年などカテゴリーごとに検索することもできるので，必要な教材をすばやく見つけることができます。どちらのサイトにも宇宙についての興味深い画像や動画がたくさん載せられています。ぜひ授業に取り入れてみてください。

3年／地球と宇宙　　　　　　　　　　　　　　　　ICT

81 ボールが地球儀・天体儀に変身！
デジタル地球儀「ダジック・アース」

準備にかかる時間 ▶ 5分　　　　難易度 ★☆☆

地球の動きを立体的に捉える

　ダジック・アースは，京都大学大学院理学研究科のグループが，地球や惑星についての科学を楽しんでもらうために進めている，地球や惑星を立体的に表示するプロジェクトです。白い球体に投影することで，オーロラや地球の自転の様子などを立体的に理解させることができます。スクリーンとなる白い球体については，専用のボールがなくてもバランスボールやビーチボールに白いテープを貼ったもので代用できます。天体の動きだけでなく，「梅雨の雲の動き」や「台風の動き」などもコンテンツとして用意されており，気象の単元でも活用することができます。ソフトは，インターネットからダウンロードできるので，オフラインでも利用できます。また，iOS・Android のアプリも出ています。天体や気象の単元で活用してみてください。

※「ダジック・アース」https://www.dagik.net/

全学年

82 地学の授業を盛り上げる！
地学語呂合わせ集

準備にかかる時間 ▶ 5分　　難易度 ★☆☆

語呂合わせで授業を盛り上げる

　地学は，語呂合わせが大活躍する分野です。うまく活用して授業を盛り上げてみてください。

火成岩の覚え方①

か	り	あ	げ	新	幹	線	はんえ〜
火山岩	流紋岩	安山岩	玄武岩	深成岩	花こう岩	閃緑岩	斑れい岩

火成岩の覚え方②

竜神	安産	元気な子，	火口で	千匹	繁栄だ
流紋岩	安山岩	玄武岩	花こう岩	閃緑岩	斑れい岩

火成岩の覚え方③

リ	カちゃん	あ	せって	ゲェ	吐いた
流紋岩	花こう岩	安山岩	閃緑岩	玄武岩	斑れい岩

鉱物の覚え方

咳した	長さん，	苦労	隠して	奇跡の	ホームラン
石英	長石	黒雲母	角閃石	輝石	カンラン石

示準化石の覚え方

リナ	さん，	今日，	アン	マン，	カビあり
フズリナ	サンヨウチュウ	キョウリュウ	アンモナイト	ナウマンゾウ	ビカリア
古生代		中生代		新生代	

火山の覚え方

キラキラ	マウス	あ	さから富士山でショーしてウ		フ
キラウエア	マウナロア	浅間山	桜島	富士山	昭和新山	有珠山	普賢岳

83 構造の理解に役立つ！ ペーパークラフト

| 準備にかかる時間 ▶ 20分 | 難易度 ★☆☆ |

ペーパークラフトで理解を促す

　キヤノン「クリエイティブパーク」は，キヤノンが運営する無料のペーパークラフト集です。様々なペーパークラフトの型紙が用意されており，「富士山（火山のしくみ）」「地震の原理」「水力発電所の構造」「からくり天動説＆地動説」「太陽の構造」「星座早見盤」など理科の授業で使える科学ペーパークラフトが多数掲載されています。ペーパークラフトのいいところは，「動き」や，立体的な構造を理解させることができるところです。

　「FAULT ANALYSIS GROUP」というサイトでは，断層のペーパークラフトをダウンロードすることができます。海外のサイトなのですべて英語です。Educational Material → Papermodels → Fault types　と進むと様々な断層が選択できます。断層を立体的な構造として理解させることができます。ぜひ授業に取り入れてみてください。

※キヤノン「クリエイティブパーク」https://creativepark.canon/

　「FAULT ANALYSIS GROUP」https://www.fault-analysis-group.ucd.ie/

84 教科書がフリップボードに大変身！
書画カメラ＋付箋

| 準備にかかる時間 ▶10分 | 難易度 ★☆☆ |

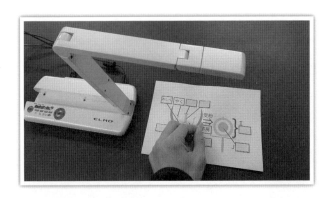

フリップボードで授業を盛り上げる

　ＩＣＴ機器の中でも扱いが簡単で多くの学校で授業に取り入れられている書画カメラ。そんな書画カメラに，付箋を組み合わせることで簡単にフリップボードをつくることができます（※フリップボードとは，バラエティ番組などで使われる，シールをめくると答えが現れるボードのことです）。つくり方は簡単。まず，フリップボードにしたい教材を用意します。教科書や教師用のワーク，資料集などなんでもＯＫです。次に，問題にしたいところに付箋を貼ります。このとき，付箋の大きさ（高さ）が文字と同じものを選ぶと作業が楽になります。後はハサミで切って整えるだけ。作業時間10分ほどで完成です。後は授業で書画カメラを使って大画面で見せるだけでフリップボードとして使えます。教師が口で**「ジャジャン」**など効果音をつけると盛り上がります。また，フリップボードを簡単につくれる「AC Flip」というipad アプリもあります。うまく取り入れて授業を盛り上げてください。

※ AC Flip (NIPPON INFORMATION) https://www.nicnet.co.jp/next/assistclass/products/acflip/index.html

ICT

85 クラス全体での共有に役立つ！
スマホ・タブレットのミラーリング

準備にかかる時間 ▶ 5分　　難易度 ★☆☆

ipad や iphone などの iOS 端末を接続する方法

　iOS 端末を無線接続にするには Apple TV や Chromecast を購入し，Wi-Fi 環境を整える必要があります。学校ではハードルが高いため，環境が整っていない場合は有線での接続をおすすめします。iPhone の Lightning 端子を HDMI 端子に変換するための純正アダプターが販売されています。このアダプターと HDMI ケーブルを使用すれば有線で端末の画面を大型テレビやプロジェクターに映し出すことができます。

Android 端末を接続する方法

　Android や Windows 端末なら，無線でミラーリングができる「ミラキャスト」を使った方法（Android4.2，Windows8以降に搭載）が便利です。Microsoft の「ワイヤレスディスプレイアダプター」を使えば，テレビやプロジェクターにミラキャストの機能を搭載

できます。方法は，映像機器にワイヤレスディスプレイアダプターの HDMI を接続するだけです。電源は USB からとります。Windows10では，「設定→システム→ディスプレイ→ワイヤレス ディスプレイに接続する」から，Android では，ステータスバー，もしくは設定からワイヤレスディスプレイアダプターに接続します。ワイヤレス化することで，生徒にタブレットを操作させてクラス全体で共有するなど授業の幅が広がります。

86 教室で簡単に顕微鏡が使える！
デジタル顕微鏡

準備にかかる時間 ▶ 5分　　　　難易度 ★☆☆

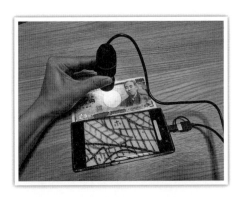

お手軽デジタル顕微鏡で授業が盛り上がる

　デジタル顕微鏡は，パソコンやスマホ，テレビと接続することで顕微鏡を大画面に映すことができます。2000円程度と格安で販売されているものでも，とてもきれいな画質で驚かされます。倍率も1000倍と中学校の授業で使う分には問題ありません。デジタル顕微鏡のメリットは大きく２つあります。第一に小さく持ち運びが簡単で向きも自由に変えられること。第二に大型テレビやプロジェクターに映してクラス全員で観察を行うことができることです。同じ拡大画像でも教科書で見せるのと顕微鏡で実物を見せるのとでは生徒の反応が違います。可能な限り実物を見せてあげたいです。顕微鏡と違って持ち運べるため，人の頭皮の様子なども簡単に見せることができます。葉脈の様子，中和によってできた塩なども観察できます。原子の導入では，印刷物を拡大して，様々な色がたった３色のインクによってできていることなどを伝え，最小の粒について考えさせることもできます。うまく活用してみてください。

87 授業がグッとスムーズになる！
両面マグネットシート＆カラー輪ゴム

準備にかかる時間▶5分　　　難易度 ★☆☆

両面使えるマグネットシートで「変化」や「動き」を伝える

　ＩＣＴ機器による視聴覚教材は非常に理解しやすいです。しかし，視聴覚教材は板書と違って，常時表示されないという弱点もあります。内容によってはアナログの方がしっくりくる場面もあるはずです。動きや変化のある現象を黒板で伝えたいときに便利なのが，100均の「両面使えるマグネットシート」です。両面使えるマグネットシートの授業活用例をいくつかあげ

てみます。呼吸の単元では，「酸素」と「二酸化炭素」を両面に書くことで細胞呼吸のしくみを黒板でマグネットシートを動かしながら説明することができます。また，ボルタ電池の説明では「Zn」と「Zn^{2+}」を両面に書いたマグネットシートと「－」と書いた丸型マグネットを使うことで，亜鉛が水溶液中に溶け出す様子を表すこともできます。ホワイトボードマーカーで記入できるので，何回も再利用することができるのもよいところです。工夫次第で利用場面が広がる両面マグネットシートをぜひ授業で活用してください。

実験で便利なカラー輪ゴム

　だ液や電解質の実験など複数の試験管を使うときは，100均で売られているカラーシールやカラー輪ゴムを使うと便利です。カラー輪ゴムは，試験管が転がりにくくなるため，事故の防止にも役立ちます。

88 計算が苦手な生徒も自分で解ける！
図の提示で計算のパターン化

準備にかかる時間 ▶ 10分　　難易度 ★★☆

図1

1m=100cm
1㎡=10000c㎡
1m=100cm

図2
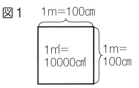

	電流	電圧
直列	同	和
並列	和	同

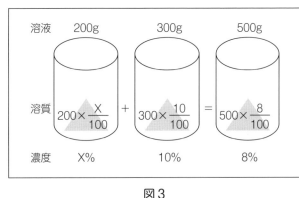

溶液	200g	300g	500g
溶質	$200×\dfrac{X}{100}$	$300×\dfrac{10}{100}$	$500×\dfrac{8}{100}$
濃度	X%	10%	8%

図3

理科の計算問題は図にして考える

　理科の授業で苦労するのが，密度や圧力，オームの法則，仕事などの計算を必要とする単元です。計算問題が原因で理科嫌いになってしまう生徒もいます。これはとても悲しいことです。ここをうまくクリアさせられるかどうかが理科教師の腕の見せ所だといえます。計算そのものは簡単なのに点数に繋がらない原因は主に，①式を立てられない，②単位間違い，の2つです。対策としては，「はじき」などと同様（p.48参照），表や図にしてパターン化させるのが効果的です。圧力では上図1，回路では図2のような表をラミネートして常に黒板に掲示しておきます。濃度では，図3のように溶液，溶質，濃度をそれぞれ図にしてから解かせると正答率が上がります。計算問題は理屈より演習が大切。「自分一人で解けた！」という成功体験が意欲的な学びに繋がります。じっくりと問題を解く時間をとってください。

89

授業の流れを系統的に示せる！

マインドマップ

準備にかかる時間 ▶10分 　　難易度 ★★☆

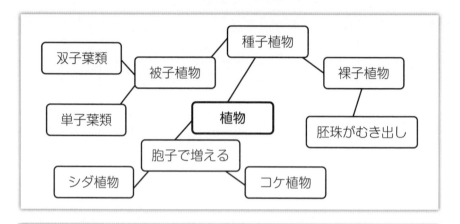

授業の復習と振り返りでマインドマップを活用する

　理科の授業では，今日の学びが既習内容とどう関係しているのかを系統的に理解させることが重要です。マインドマップを用いることで学習内容を系統的に振り返ることができます。マインドマップとは，上の図のようにセントラルテーマから関連する言葉を繋げていくことで，思考を見える化したものです。マインドマップを授業の最後に振り返りとして生徒と共につくることで，今日の学びが単元のどこに位置するのかを視覚的に理解させることができます。また，授業の導入でマインドマップを示せば復習にも使えます。マインドマップの作成は，「simplemind free maps」（iOS，Android 対応）など無料のアプリを活用するのが便利です。アプリでマインドマップをつくるメリットは途中での変更や言葉の追加が簡単に行えるところです。ぜひ活用してみてください。

※「Simplemind」https://simplemind.eu/

90 導入で使える！
NHKの大科学実験＆考えるカラス

準備にかかる時間 ▶ 10分　　難易度　★☆☆

NHKの映像教材で生徒の思考力を培う

「NHK for School」では，授業の内容を10分でまとめた「10min. ボックス」をはじめ，授業で使える様々な映像教材を視聴することができます。数ある映像教材の中で，理科の授業にぜひ取り入れていただきたいのが，「大科学実験」と「考えるカラス」の2つです。どちらも1つの題材について10分という短い映像になっているので，授業で活用しやすいです。

大科学実験

「大科学実験」は，「やってみなくちゃわからない！」を合言葉に，ＣＧなどを使わず大掛かりな実験で疑問に迫る科学番組です。「人を等間隔に1列に並べて音の速さを調べる」「750kgのラクダを500個の卵で支えられるか」など大掛かりな実験を通して疑問に迫ります。音の速さや圧力など授業内容と関連する項目も多いです。

考えるカラス

「考えるカラス」はある事象に対して，疑問に基づいた実験を行う番組です。番組内では実験結果までは放送されますが，理由は放送されず「ここから先は自分で考えよう。これからは，みんなが考えるカラス」というナレーションで終わります。事象を解明するためには，結果より考察が重要であることを学ぶことができます。

※ NHK for School（https://www.nhk.or.jp/school/）

91 生徒の視覚に訴える！
DVD付き図鑑

準備にかかる時間 ▶ 5分　　　難易度 ★☆☆

DVD付図鑑は，生徒の興味を引く映像が満載

　最近は写真や説明だけでなく，子どもにもわかりやすい映像が収録された
ＤＶＤ付の図鑑が出版されています。『講談社の動く図鑑』シリーズのＤＶ
Ｄには子どもたちの興味関心をひく動画が多数収録されています（上写真：
長沼毅監修『講談社の動く図鑑 WONDER MOVE 大自然のふしぎ』講談
社）。植物のＤＶＤでは，タイムラプス動画などを用いて，普段目にするこ
との少ない植物の動きを見ることができます。図の大きさも教科書や資料集
よりも大きくわかりやすいです。図鑑は，学級文庫としても使えるので，各
クラスに，人体，動物，植物，科学技術，など内容を変えて配置することで，
興味をもった生徒が自発的に学べる環境をつくることができます。学期ごと
に図鑑を入れ替えることで生徒は様々な内容の図鑑を見ることができます。
生徒が図鑑に触れることで，科学に興味をもち，未来の科学技術の担い手に
なってもらえることを願いたいです。

92 授業で使える素材が満載！ 「理科ねっとわーく」おすすめ10選

準備にかかる時間 ▶ 20分　　難易度　★☆☆

理科の先生の強い味方「理科ねっとわーく」

「理科ねっとわーく」は，国立研究開発法人科学技術振興機構による小・中・高等学校向けの理科教育・学習用デジタル教材を集めた Web サイトです。学校の授業や児童・生徒が自宅学習で利用することを目的としてつくられました。小・中・高の様々な学習内容をデジタルコンテンツで学ぶことができますが，数が多くどれを使えばいいのかわからない先生も多いと思います。ここでは，私が中学校の授業で活用しやすいと考える理科ねっとわーくの教材を紹介します。

理科ねっとわーくおすすめ10選

❶「動物のくらしと体つき〜環境とのかかわりから進化まで〜」（中2）

　脊椎動物や無脊椎動物の皮膚の様子や増え方などの映像教材が豊富です。また，呼吸方法などがアニメーションで解説されておりとてもわかりやすいです。脊椎動物の分類はクイズ形式なので，授業を盛り上げることができます。

❷「天球図でさぐる地球と天体の動き」（中3）

　星や太陽の1日の動きや，季節による動きについて学ぶことができます。また，天候によっては行うのが難しい太陽の動きや太陽の表面の様子を調べる実験の手順や結果が動画で解説されています。月の満ち欠けについての教材もわかりやすいです。

❸「体感！植物で見る生殖のしくみ」（中１，中３）

　被子植物であるアブラナと裸子植物であるマツの花のつくりの教材はとてもわかりやすいです。また，メンデルの実験とメンデルの推定は，遺伝の仕組みをアニメーションを用いて視覚的に理解することができます。

❹映像と音声分析・合成ソフトで学ぶ
「音・波動教育用デジタル教材」（中１）

　p.34で紹介した音の授業で使えるフリーソフトをダウンロードすることができます。また，音の実験映像もたくさん収録されています。

❺「生命の連続性」（中３）

　主に高校生向けのデジタル教材ですが，中３の遺伝の授業で活用することができます。一遺伝子雑種では，親の遺伝子型を選択することで，子の遺伝子型をシミュレーションすることができます。

❻「宇宙と天文」（中３）

　前述した「天球図でさぐる地球と天体の動き」とともに使いたいデジタル教材です。こちらは特に天球や惑星について美しい映像で詳しく解説されています。

❼「３ＤＣＧで見る，視覚・聴覚の構造としくみ」（中２）

　目と耳のつくりや仕組みについてのデジタル教材です。３ＤのＣＧ動画で，感覚器官について視覚的に理解することができます。

❽「光でつながる科学」（中１）

　「解説」「実験」「シミュレーション」「トピックス」の４つの項目で，色，光の速さ，反射と屈折，レンズなど，光について深く学ぶことができます。

❾映像，アニメーションで学ぶ粒子の世界（中２，中３）

　炭酸水素ナトリウムの熱分解や，水の電気分解，化学電池におけるイオンと電子の動きなどについて実験映像と原子モデルによるアニメーションを比較しながら学ぶことができます。非常にわかりやすいです。

❿映像，アニメーションで学ぶ粒子の世界２（中２，中３）

　❾と同様です。こちらは鉄と硫黄の化合や酸化銅と炭素の酸化還元反応について学ぶことができます。

理科ねっとわーくをスマホやタブレットで見る

　理科ねっとわーくは，動きのあるコンテンツが多く，生徒に学習内容を視覚的に理解させることができます。ただし，動きのあるコンテンツの多くはAdobe の Flash という仕組みを使っており，タブレットやスマホにプリインストールされているブラウザでは見ることはできません。しかし，「Puffin」というブラウザアプリ（iOS，Android 対応）をインストールすることでタブレットやスマホでも理科ねっとわーくの Flash コンテンツを再生することができます。タブレットなら，面倒な準備もいらないので使いたいときにスマートに利用することができます。

※ Adobe は，2020年末で Flash のサポートを終了することを表明しています。そのため，今後，理科ねっとわーくが使用できなくなる可能性があります。理科の授業のためにもぜひ継続していただきたいものです。

ICT

93 授業時間を見える化する！
Time Timer ＆キッズタイマー

準備にかかる時間▶5分　　　難易度　★☆☆

残り時間が一目でわかる

　授業で「5分間，個人で考えよう」「10分間，班で話し合ってみよう」のような指示を出すとき，キッチンタイマーやパソコンのストップウォッチなどを使用して生徒に時間を示している先生が多いと思います。しかし，せっかく教室に大型テレビやプロジェクターが導入されているなら，「Time Timer」や「キッズタイマー」の使用がおすすめです。これらのタイマーは，時間を色の面積で表します。時間が経つごとにその面積が減っていきます。数字ではなく「色が塗られた面積」で残り時間がわかるため，一目で時間の経過がわかります。時間を見える化することで，生徒が時間の使い方を考えるようになります。支援教育でも活用することができます。Time Timer は掛け時計や置き時計のような形のものも販売されていますが高価なため，数百円で利用できるアプリがおすすめです。アプリについては，iOS では，「Time Timer」，Android では「キッズタイマー」が使いやすいです。

※「Time Timer」https://www.timetimer.com/

「キッズタイマー」(Skywise)https://play.google.com/store/apps/details?id=nl.skywise.kidstimer&hl=ja

94 専門的な計算も自由自在！
CASIO「ke!san」

準備にかかる時間 ▶ 5分　　　難易度 ★☆☆

ブラウザ上で様々な計算ができる

「ke!san」は G-SHOCK で有名なカシオが運営している計算サイトです。「ke!san」には，お金や健康，こよみなど，身の回りで計算が必要だと考えられるもののフォーマットがほとんど用意されており，数値を入力するだけでブラウザ上でそれらの計算を行うことができます。

「ke!san」には理科の授業で使える計算もあります。

例えば，「太陽高度」では，緯度と経度，日付を入力すると太陽の高度と方位を計算してくれます。また，「自由落下」では，重力加速度と経過時間を入力することで，落下距離や落下速度を計算することができます。

他にも，「単位の計算」，「日の出日の入り」，「震源距離」，「地震エネルギー」，「風力発電のエネルギー量」，「等速度運動」，「標高と気圧」など，数値を入力するだけで専門的な計算を行うことができます。

※「ke!san」（CASIO）https://keisan.casio.jp/

（サイトをご利用の際には，「サービス規約」をご確認ください）

95 実験が楽になる！
シロカの「おりょうりケトル　ちょいなべ」

準備にかかる時間 ▶ 10分　　　難易度　★☆☆

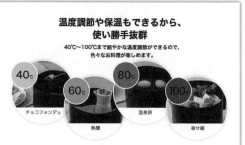

温度調節や保温もできるから、
使い勝手抜群
40℃～100℃まで細やかな温度調節ができるので、
色々なお料理が楽しめます。

40℃ チョコフォンデュ　60℃ 熱燗　80℃ 温泉卵　100℃ 寄せ鍋

温度調節可能で保温ができる

　シロカから販売されている「ちょいなべ」は，お湯を沸かしたり，鍋の代わりに使ったりと，一人暮らしに便利な調理家電です。しかし，このちょいなべは，調理だけでなく，実験でも大活躍します。シロカのちょいなべは，お湯を沸かせるだけでなく，温度調節をした状態で保温をすることができるのです。温度調節の幅は40～100℃。唾液の実験では40℃のお湯を使いますが，ちょいなべがあればいちいち沸騰したお湯に水を入れて温度を調節する手間をはぶくことができます。他にも，花粉管の実験で寒天をつかうときなどにも便利です。

　どの理科室にもお湯を使うために電気ポットや電気ケトルが置かれていると思います。古くなってそろそろ買い替えの時期がきているなら，シロカのちょいなべにしてみてはいかがでしょうか。

※シロカ株式会社（https://www.siroca.co.jp/index.html）

　シロカ「ちょいなべ」紹介ページ（https://www.siroca.co.jp/feature/cookingkettle/）

　シロカちょいなべ研究所（https://www.siroca.co.jp/laboratory/index.html）

96 豊富な実験器具イラストが手に入る！
「研究.net」の研究イラスト素材

準備にかかる時間 ▶ 5分　　　難易度 ★☆☆

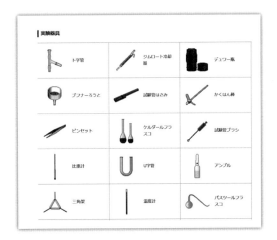

実験器具のイラスト素材

　「研究.net」は研究職で働く方々の役に立つ情報を発信するサイトです。このホームページには研究イラスト素材として，研究レポートや，論文，マニュアル等に役立つ研究関連のイラスト素材が用意されています。ピンセットや蒸発皿，ガスバーナー，三脚台などの実験器具の他，プレパラートのつくり方などの実験中の動作や，蒸留や水上置換法などの実験手法についてのイラストなど様々な画像をダウンロードすることができます。自作で実験プリント等を作成するときにとても便利です。化学分野だけでなく，脳や眼球，動物細胞や植物細胞，アメーバやイカダモなどの水生微生物などの生物分野のイラストも豊富です。とても使いやすい素材が揃っているので，ぜひ活用してみてください。

※「研究.net」（研究イラスト素材）www.kenq.net/ill/index.html

97 ちょうどいいサイズの動画が詰まってる！
『「なぜ？」に挑んだ科学の歴史100』

準備にかかる時間 ▶ 5分　　難易度　★☆☆

授業の重要語句を専門家が説明

　授業では実物を見せるのが一番ですが，実物が準備できない場合は動画を活用するのも１つの方法です。

　導入やまとめで動画を活用するのはとても効果的です。

　導入で動画を見せるねらいは，興味関心を高めることにあります。導入で「面白そう」，「なぜだろう」という知的好奇心を高めることで，その後の授業に集中して取り組ませることができます。

　まとめで動画を活用するのは，授業で学んだ内容を視覚的に振り返らせるためです。

　しかし，授業で使える動画を見つけるのはとても大変です。１つの内容を説明するのに10分以上かかる動画では，肝心の授業の時間がなくなってしまいます。

　そこで役に立つのが，ディスカバリーチャンネルのＤＶＤ『「なぜ？」に挑んだ科学の歴史100』シリーズです。このシリーズは，一つ一つの内容が数分でまとめられています。生物学編，化学編，物理学編，遺伝学編…など分野ごとにＤＶＤが分かれています。内容は，遺伝の法則や減数分裂など，中学校の授業内容と重なる部分が多いです。再現ＶＴＲやＣＧが使われており，生徒にとってわかりやすい内容にまとまっています。

　理科の先生ならぜひ買ってもらいたいＤＶＤです。今までの授業をパワーアップさせることができます。

ICT

98 PCレスで動画や画像を再生できる！ ポータブルメディアプレイヤー

準備にかかる時間 ▶ 60分   難易度 ★★☆

PC・タブレットをワイヤレスで大画面に接続

　学校では個人情報を扱うため個人用パソコンなどの持ち込みができない場合も多いと思います。また，高価なパソコンをクラスに持って行きたくない人もいるはずです。でも，授業で生徒に動画や画像を見せたい。そんな悩みをすべて解決してくれるのがパソコンいらずで動画や画像を再生することができるポータブルメディアプレイヤーです。ポータブルメディアプレイヤーとは，テレビやプロジェクターに繋ぐだけで，あらかじめ保存してある画像や動画を再生させることができる機器です。ITPROTECHの「MediaWave nano」は，とても小さく設置場所を選びません。また，リモコンで操作することができるので，離れたところから操作をすることができます。画像や動画などのデータは microSD カードに入れて読み込ませます。JPEG，PNG，MPEG，MP4など，主要なフォーマットに対応しているのでほぼすべての画像や動画，音楽ファイルを再生することができます。授業に画像や動画を取り入れたい先生に，活用していただきたいＩＣＴ機器です。

99 スマホ・タブレットでフラッシュカードがすぐできる！ 「フラッシュカードメーカー」

準備にかかる時間▶5分　　　難易度 ★★☆

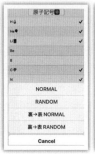

スマホやタブレットでフラッシュカードが簡単につくれる

　フラッシュカードは，授業で英単語を教える際などに使われる表と裏に単語や絵図が描かれたカードです。フラッシュカードアプリを使えば iPhone，iPad の画面全体をフラッシュカードのように使うことができます。「表→裏」「裏→表」が選べて，ランダム機能も付いています。

　大型テレビやプロジェクターに iPhone や iPad を接続することで，フラッシュカードを大画面に映すことができます。フラッシュカードアプリは，他にもたくさんありますが，このアプリのようにフラッシュカードを自作できるものは少ないです。文字列であればどんな単語でも自由に作成できるので，原子記号，英単語，漢字の読みなど様々な教科で活用することができます。絵文字や画像も使えるので，ヘリウムなら風船の絵文字を使うなど，イメージに関連付けて学習させることもできます。「ひげ根→単子葉類の根」「主根と側根→双子葉類の根」のように一問一答形式で使うなどいろいろな活用法を考えてみてください。

※「フラッシュカードメーカー」https://apps.apple.com/jp/app/furasshukadomeka/id935541209

100 反転学習に使える！ ふたば塾のデジタル教材

準備にかかる時間 ▶ 5分　　　難易度　★☆☆

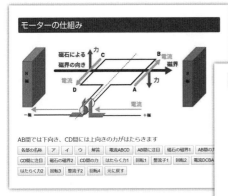

中学校理科の各単元の重要語句をイラストで解説

　ふたば塾（https://futabajuku.jp/）は，中学校の先生、生徒にとって役立つ，オンライン学習サイトです。ふたば塾には，授業や生徒が家庭学習を行う際に使える様々なデジタル教材が学年ごとにまとめられています。コンテンツの内容は「総まとめ」「デジタル教材」「授業動画」「ワークシート」の4つです。

総まとめ

　総まとめは，各学年の学習内容をイラストと重要語句を中心に解説しています。イラストがデジタル教材へのリンクになっているので，気になる部分は，すぐにデジタル教材で学習することができます。

デジタル教材

　デジタル教材では，理科の授業内容を下図のようなわかりやすいイラストで解説しています。イラストの下のボタンを押すことで，イラストが紙芝居のように変化していくので，動きや流れのある学習内容も一つ一つのイラストで説明しながら授業を進めることができます。また，デジタル教材に則した穴埋め問題もついているので，デジタル教材を使って学習した内容を確認することもできます。

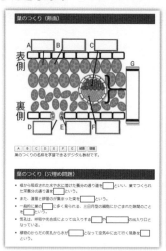

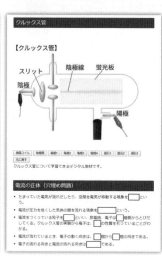

授業動画

　授業動画では，デジタル教材を使用した授業動画を YouTube で見ることができます。

ワークシート

　ワークシートはデジタル教材のイラストを元につくられているため，授業でデジタル教材を使用する際，生徒用のプリントとして使うことができます。また，宿題として使い，デジタル教材で答え合わせをすることもできます。

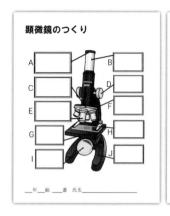

顕微鏡のつくり

A ☐　B ☐
C ☐　D ☐
E ☐　F ☐
G ☐　H ☐
I ☐　J ☐

＿＿年＿＿組＿＿番 氏名＿＿＿＿＿＿＿＿＿

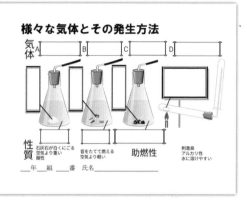

様々な気体とその発生方法

気体 A ☐　B ☐　C ☐　D ☐

性質 石灰石が白くにごる 空気より重い 酸性　音をたてて燃える 空気より軽い　助燃性　刺激臭 アルカリ性 水に溶けやすい

＿＿年＿＿組＿＿番 氏名＿＿＿＿＿＿＿＿＿

反転学習に取り組む

　この教材のポイントは「反転学習に使える」ところにあります。反転学習とは，通常の「学校での学びを元に，家庭学習を行う」を反転させたもので，「家での学びを元に，学校で内容を深めたり，演習したりする」というものです。学びのインプットとアウトプットの場を逆転させる学習方法です。ふたば塾を活用した反転学習の方法を下にまとめます。

> ❶生徒は家などで決められた単元を，総まとめ，デジタル教材，授業動画，ワークシートを活用して学ぶ。
> ❷学校では，学んだ内容を他の生徒と共有する中で，さらに深い学びへとつなげる。

　上記のような手順を踏むことで，反転学習に取り組むことができます。ただし，すべての家庭でインターネットに接続できる環境が必要になります。今後，学校でもスマホやタブレットを学習に活用するのが当たり前の時代がくると思います。そのような時代に向けて，インターネットを使った学習方法についても考える必要があります。うまく活用して，生徒とともにより深い学びを追求してみてください。

お わ り に

　中学校における理科は，物理，化学，生物，地学の4分野に分かれており，範囲も広いため，自分の専門外の分野については苦手意識をもたれている先生が多いのではないか。この本は，そんな先生方に楽しみながら授業をしてもらいたいという思いで書かせていただきました。専門外の先生にも取り入れていただきやすいよう，できるだけ簡単，手軽に授業に取り入れられる教材や教具を中心とした内容にしました。授業で使ってみたい教材を見つけていただき，専門外の分野でも自信をもって授業に取り組んでいただけたら嬉しいです。

　どんな先生にも3年間の授業の中で，自信をもって行える「すべらない授業」があると思います。私はこの「すべらない授業」を少しずつ増やしていけば，いずれすべての授業が「すべらない授業」になると考えています。方法は2つあります。「創る」と「まねる」です。「創る」といっても一人の人間が新しく生み出せるものの数はたかが知れています。誰かのすべらない授業を「まねる」ことで，「すべらない授業」の数を飛躍的に増やすことができます。「まねる（まねぶ）」ことが「学び」に繋がります。周囲の先生からよいところを取り入れ，自分の授業をパワーアップしていきましょう。物化生地の専門があることが苦手意識に繋がっていると書きましたが，理科の先生は4つの専門家の集まりだとも言えます。ということは，お互いに自分の得意分野について「すべらない授業」を共有し合えばよいのです。理科の先生が多く集まり，授業について交流し合える場があれば最高ですよね。日本中の理科の先生とよりよい授業アイデアを共有したい。そんな思いで私が始めたのが，中学校理科を中心とした教育情報を発信する「ふたばのブログ」です。ふたばのブログでは，この本に載せきれなかった理科の教材や教具の他，総合的な学習や道徳の情報，子どもに見せたい動画なども紹介しています。この本と合わせて日々の授業等の一助にしていただければ幸いです。ま

た，全国の先生から授業に役立つ情報の募集もしているので，共有したい情報がありましたらサイトのお問合せフォームよりご連絡ください。

（サイトURL：https://futabagumi.com/）

　この本で紹介している教材や教具の中には先輩の先生や周囲の先生から教えてもらったものも数多くあります。ＣＳＴ（コア・サイエンス・ティーチャー）養成研修でお世話になった先生方を始め，たくさんの先生方から「全国の理科の先生のためになるなら」と許可をいただき，紹介させていただくことができました。この場を借りてお礼を申し上げます。

　理科の先生は「変わっている」とよく言われます。変わり者の理科の教師の一人として言いましょう。理科の先生は変わっています（笑）。でも，１つ言わせてください。「変わっている」は，ほめ言葉です。だってそうですよね。「変わっている」の反対は，「どこにでもいる」です。あなたは，どこにでもいる理科の先生になりたいですか。答えはきっと「ＮＯ」でしょう。授業は一回きりの真剣勝負。あなたにしかできない授業で子どもたちの心を掴んでください。

　こんな変わり者の私が今まで教師を続けることができ，本を出すことができたのは，たくさんの方の助けがあったからです。森田和隆先生，高橋泰代先生，千代丸和人先生。今の私があるのは３人の先生のおかげです。いつも突拍子もない行動をとる私を暖かく見守ってくれた先輩方。新しい考え方や視点を与えてくれる若い先生方。温かい両親。クリエイティブな弟。最高の笑顔で癒してくれる娘。変わり者の私を理解し，いつも支えてくれる妻。そして何よりこんな変わり者の本を購入してくださった読者の方に心から感謝申し上げます。本当にありがとうございました。

2020年7月

窪田　一志

【著者紹介】
窪田 一志（くぼた かずし）
1986年生まれ。近畿大学農学部卒業。
コア・サイエンス・ティーチャー（CST）養成課程修了。
家庭教師，個別指導，塾講師を経て，神奈川県で5年間中学校
理科教師として勤務。現在は大阪府の公立中学校で理科の楽し
さを子どもたちに伝えるため日々奮闘中。
教材や教具，デジタル教材の開発，効果的なICT機器の活用
方法，カードゲームや問題解決を通してのコミュニケーション
能力の育成など自らの実践に基づいた教育活動を展開中。
理科教育，総合的な学習，道徳教育などを中心とした教師に役
立つ情報を全国の先生と共有するために，教育情報サイト「ふ
たばのブログ」（https://futabagumi.com/），オンライン学習
サイト「ふたば塾」（https://futabajuku.jp/）を運営。
サイトのアクセス数は月7万pvを超え，ブログがアプリ化さ
れるなど勢いのある教育研究者兼教育実践者。講演等のご依頼
はサイトのお問い合わせフォームよりお願いします。

中学校理科サポートBOOKS

100均グッズからICTまで
中学校理科アイテム&アイデア100

2020年9月初版第1刷刊 ©著 者	窪 田 一 志
2021年6月初版第2刷刊 発行者	藤 原 光 政
発行所	明治図書出版株式会社

http://www.meijitosho.co.jp
（企画）小松由梨香・茅野 現 （校正）宮森由紀子
〒114-0023 東京都北区滝野川7-46-1
振替00160-5-151318 電話03（5907）6702
ご注文窓口 電話03（5907）6668

＊検印省略 　組版所 株式会社木元省美堂

Printed in Japan 　　　　ISBN978-4-18-295010-0
もれなくクーポンがもらえる！読者アンケートはこちらから